Colección **StuG3**

LA «LEGIÓN LETONA»

LETONES EN LA WEHRMACHT Y LA WAFFEN SS EN LA SEGUNDA GUERRA MUNDIAL

1941-1945

LUCAS MOLINA, PABLO SAGARRA, ÓSCAR GONZÁLEZ

GALLAND BOOKS editorial
www.gallandbooks.com

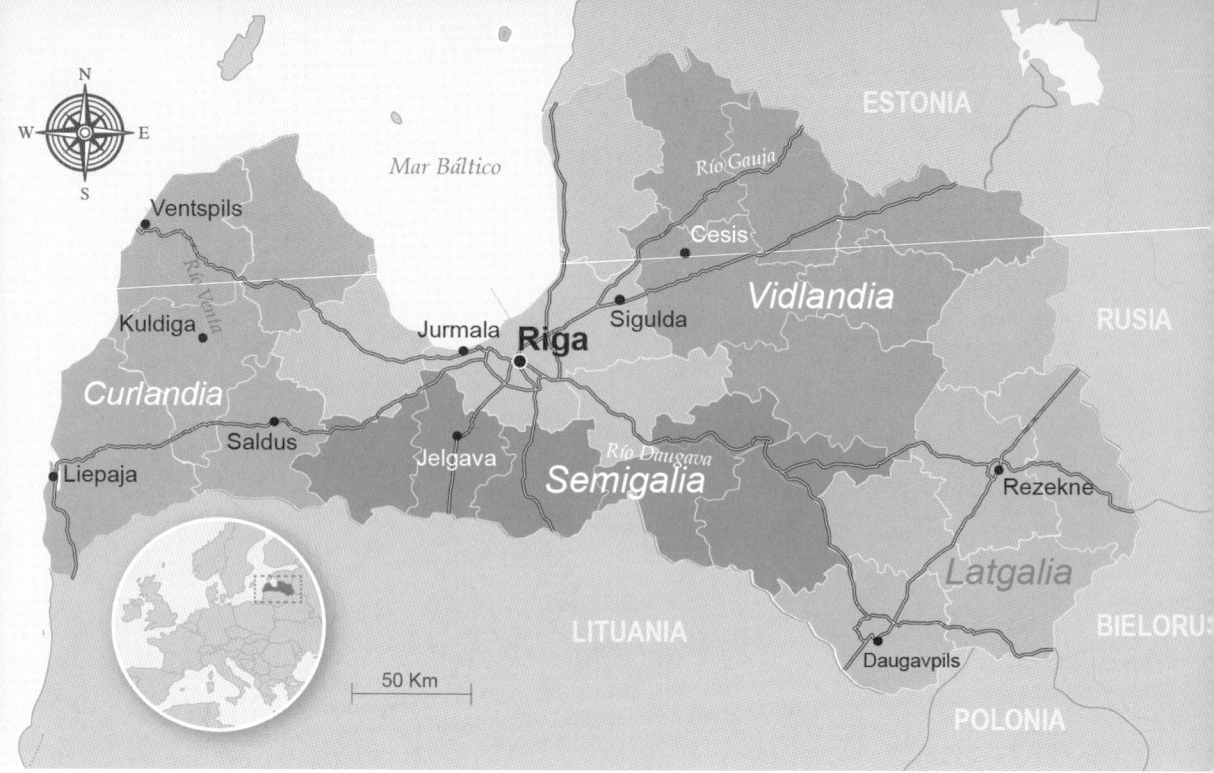

© Lucas Molina Franco

© Pablo Sagarra Renedo

© Óscar González López

© Galland Books S.L.N.E.

Título original: La «Legión Letona». Letones en la Waffen SS y la Wehrmacht en la Segunda Guerra Mundial.
Primera edición: febrero 2024
ISBN: 978–84-19469-48-9
Depósito legal: DL VA 32-2024
Diseño y maquetación: Carlos Castañón
Tratamiento de imágenes: Carlos Castañón - Boca Multimedia
Imprime: Rudelgraf
Impreso en España

Claves para entender la participación de Letonia en el esfuerzo de guerra alemán contra la URSS

Año tras año, cuando se acerca en el calendario el 16 de marzo –día en que se recuerda en Letonia a los soldados que combatieron a los soviéticos en la Segunda Guerra Mundial–, los rusos juegan la carta del «nazismo báltico». Los soldados letones (y también los estonios) son acusados de luchar por los intereses nazis e incluso de crímenes de guerra o contra la humanidad.

En la marcha celebrada en Riga todos los 16 de marzo, en recuerdo a los legionarios letones que lucharon contra el bolchevismo, los asistentes llevan flores y recuerdos de sus antepasados. No se exiben símbolos del Tercer Reich.

Tales declaraciones tienen trascendencia no sólo en Rusia y otras repúblicas de la antigua Unión Soviética, sino también en los países de Europa occidental donde, a menudo, la gente desconoce completamente el horrible destino que sufrieron las repúblicas bálticas durante casi cincuenta años. Ya se sabe que en el marco conceptual europeo establecido tras la Segunda Guerra Mundial, las palabras «nazismo» y «SS» evocan emociones claramente negativas en un público al que machaconamente se adoctrina en un único sentido, sin matices, en la famosa dicotomía: buenos *vs.* malos.

Uno de los principales objetivos en la guerra de la propaganda desarrollada en los países bálticos es la llamada «Legión de Voluntarios de las SS de Letonia». Esta unidad militar letona es la «Bestia Negra» de Rusia y su argumento favorito para atacar a Letonia en el ámbito internacional (ya lo ha hecho con Ucrania esgrimiendo un motivo similar) y poner a la población de habla rusa en contra de su propio país. Este comportamiento de Rusia crea una tensión constante en la sociedad letona y en las relaciones internacionales.

Los rusos atacan a los letones por defender a los «colaboradores nazis», sin darse cuenta que casi todas las familias letonas tienen familiares que lucharon en alguna de las numerosas unidades de la «Legión», y estos hombres son considerados héroes nacionales. Para comprender mejor la naturaleza del problema, es necesario familiarizarse, primero con la breve historia de Letonia como estado independiente; después, con la brutal ocupación soviética del país en 1940; y por último, con la propia historia de la «Legión», aspectos que desarrollaremos en las páginas de este libro.

Arriba. Los rusos de Letonia se manifiestan contra el acto de recuerdo a los legionarios.

El *leit-motiv* de la indignación rusa es la subordinación formal que tuvo la «Legión Letona» a las *Waffen SS* (SS combatientes), organización declarada criminal por el Tribunal de Nuremberg. Pero hay una explicación a este hecho: el IV Convenio sobre las leyes y costumbres de la guerra terrestre, firmado en La Haya el 18 de octubre de 1907, prohibía expresamente en su artículo 52 la movilización de ciudadanos de un país ocupado en el ejército del país ocupante. Aunque a la Alemania nazi, como a todos los regímenes totalitarios, no le importaba mucho la opinión de la comunidad internacional, intentó, al menos al principio, respetar la legalidad externa. Por lo tanto, las unidades combatientes forma-

Abajo. Un sacerdote protestante encabeza la marcha y es el primero en depositar unas flores delante del escudo de la Legión Letona, a los pies del monumento a la Independencia.

Página siguiente, arriba. Cartel con los actos que se celebran todos los 16 de marzo.

das en los países ocupados no estaban legalmente subordinadas a la dirección del ejército, sino a la organización de las SS como organismo oficialmente independiente de la *Wehrmacht*. En 1944, había más de 910 000 hombres integrados en las *Waffen SS*, de los cuales sólo el 43% eran alemanes. El motivo de estas naciones para cooperar con Alemania no era apoyar las ideas del nazismo, sino luchar contra el comunismo soviético.

También hay que matizar el término de «voluntarios» referido a los legionarios letones. Si bien muchos de ellos lo eran, otros muchos fueron reclutados mediante una movilización forzada, sobre todo a partir de la primavera de 1944. Las autoridades de ocupación alemanas utilizaron siempre el término «voluntarios» para ocultar el carácter ilegal de esta movilización. Tanto los soviéticos como los alemanes, saltándose el derecho internacional, reclutaron a ciudadanos letones en sus fuerzas armadas y otras formaciones militares; evadir el servicio se castigaba con la prisión o, incluso, con la pena de muerte.

Abajo. En la marcha de los legionarios letones se pueden ver carteles rechazando los totalitarismos de Hitler y de Stalin.

La participación forzada de letones en el ejército de la URSS nunca fue considerada como un apoyo directo al régimen criminal de Stalin, mientras que Rusia trata sin ambigüedades una participación similar en la «Legión» como un servicio al nazismo, aunque la inclusión de la «Legión Letona» en las *Waffen SS* no dependía de la voluntad de las débiles estructuras del inexistente estado letón, ni de los ciudadanos letones.

Muchos letones, como ya hemos afirmado, se unieron a la «Legión» voluntariamente, algo lógico si analizamos la política represiva de la Unión Soviética en los países bálticos durante la primera ocupación, entre julio de 1940 y junio de 1941.

En ese fatídico período cientos de personas fueron fusiladas sin juicio previo y decenas de miles fueron deportadas a la Unión Soviética. Un año de ocupación de las tropas de Stalin fue suficiente para que los letones se olvidaran de sus rencillas con el viejo enemigo alemán –al que habían derrotado en 1919– y recibieran a los soldados del *Heer* como libertadores.

La creación de la «Legión» no habría sido posible si Letonia no hubiera sido ocupada y anexionada por la URSS en el verano de 1940. El terror y las deportaciones sufridas por los letones en este período bastaron para ver con otros ojos a las tropas de Hitler cuando comenzó la Operación «Barbarroja». Muchos letones, al unirse a la «Legión», consideraban que protegían a sus familias de nuevas represiones por parte de Stalin.

Los alemanes fueron recibidos en toda Letonia –y aún más en Riga– como auténticos héroes. Como los salvadores de una terrible experiencia comunista de apenas un año, pero que dejó unas tremendas huellas entre la población. En la foto los soldados del Heer marchan por la capital letona entre vítores y flores.

¿Lucharon realmente los legionarios letones por los intereses de la Gran Alemania y la victoria del nazismo, como afirman los detractores de la unidad militar letona? Hay quien piensa que sí, y está en su derecho, pese a que las fuentes de época, especialmente los escritos que han dejado los antiguos combatientes, así como las entrevistas realizadas a los legionarios que hasta hace muy pocos años todavía vivían, demuestran lo contrario. Ningún soldado letón tenía como objetivo luchar por las ideas del nacional-socialismo o del «Nuevo Orden» de Hitler.

Los legionarios letones, igual que sus vecinos, estonios y lituanos, y los voluntarios de otros países, como los españoles de la División Azul, tenían un único compromiso con los alemanes, la lucha contra el enemigo común: el bolchevismo, y su único objetivo era obtener nuevamente la independencia de Letonia. Cumpliendo ese compromiso antibolchevique combatirían juntos, españoles y letones, en tres batallas memorables: Staraia-Russa, Krasni-Bor y Berlín.

El día 18 de noviembre de 1943, –elegido como «día de la lucha contra el bolchevismo»–, el general Bangerski –inspector de la «Legión Letona»– anunció que la movilización de los letones sometidos al servicio militar era el primer paso hacia la restauración de la independencia de Letonia, porque sin una defensa fuerte contra el Ejército Rojo, los letones nunca tendrán su propio ejército ni un estado libre.

En la imagen, dos legionarios letones de la *19. Granadier Division* de la *Waffen SS* junto al escudo con los colores letones y la inscripción: «Dios bendiga a Letonia».

El propósito de los soldados reclutados y de los voluntarios letones era proteger a su país de la represión del régimen estalinista, y Alemania fue un aliado forzoso en esta lucha. La «Legión Letona» no luchó contra los aliados –al igual que ocurrió con la División Azul–, sino contra la URSS, que había sido el estado agresor de Letonia en 1940. Varios documentos alemanes revelan el estado de ánimo de los soldados de las divisiones letonas de la *Waffen SS*:

Quieren un estado nacional letón permanente. Ante la disyuntiva entre Alemania o Rusia, se han decidido por Alemania, porque la supremacía alemana les parece el mal menor. El odio contra Rusia se vio profundizado por la ocupación de Letonia. Consideran que la lucha contra Rusia es un deber nacional.

Los legionarios letones lucharon contra la Unión Soviética porque no querían que Stalin volviera a ocupar Letonia, destruyendo su modo de vida y subyugando a sus habitantes. Los legionarios estaban muy lejos de los objetivos ideológicos o militares de Hitler. Necesitaban a Alemania como aliado para luchar contra la URSS y el bolchevismo, y si el éxito les acompañaba en su lucha, tras la victoria sobre el imperio de Stalin también se restablecería la independencia de Letonia. Puede ser que estas esperanzas fueran ingenuas, y que los alemanes tuvieran otros planes con Letonia si ganaban la guerra, pero esto nunca lo sabremos. La documentación alemana muestra que había un fuerte sentimiento antialemán en las unidades legionarias letonas.

Se dieron muchos casos de letones integrados en unidades de Guardia del Orden (*Schutzmannschaft*), bajo supervisión alemana, que se rebelaron contra los mandos ocupantes y fueron condenados por ello, o incluso desertaron o no se incorporaron tras alguna movilización. En Curlandia desertaron unos 500 soldados de las unidades de combate de la 19.ª División y unos 2000

soldados de la unidad de depósito, situada en el distrito de Dundaga. La mayoría de los desertores se internaron en los bosques de la zona, y algunos se unieron al grupo del general Janis Kurelis, –los llamados «Kurelianos»– todos dispuestos a luchar por una Letonia independiente.

La mayoría de los soldados letones consideraban que la Legión sería el núcleo del futuro ejército nacional. Al final de la guerra, cuando la derrota de Alemania ya era evidente, los legionarios depositaron sus esperanzas en los países democráticos de Occidente. Aunque la URSS era entonces aliada de Gran Bretaña y Estados Unidos, los legionarios esperaban que Occidente no permitiera una segunda ocupación de Letonia.

Arriba. Cartel en idioma lituano. «¡Lucha contra el bolchevismo! Lucha común- Victoria común». En la imagen se ven las banderas de varios países que luchaban en Rusia, la de Alemania, las de los tres países bálticos y la de Finlandia.

Izquierda. Cartel de la exposición temporal «Un año del Gobierno Rojo en Letonia», celebrada bajo los auspicios del ocupante alemán.

Pero para desgracia del pueblo letón, también los aliados occidentales lo traicionaron: el destino de Letonia se decidió en las conferencias de Teherán, Yalta y Potsdam. Por eso, cuando el alto mando alemán intentó enviar legionarios a luchar contra los aliados occidentales, los oficiales y soldados de la Legión se negaron categóricamente. Y por eso los letones continuaron luchando en unidades partisanas nacionales casi diez años después del final de la guerra.

No deja de resultar hipócrita el veto al recuerdo de los letones que, de buena fe, apostaron por la libertad de su patria, luchando contra la Unión Soviética. Ellos sabían lo que pasaría si ganaba la guerra Stalin (como así sucedió). Si el vencedor hubiera sido Hitler, es posible que tuvieran una oportunidad para ser otra vez un país independiente... o quizás no; nunca lo podremos saber. La apuesta, en cualquier caso, era mala, pero había que tomar partido por alguno de los dos colosos que se enfrentaban a muerte en el Este. Y los legionarios lo hicieron. Y perdieron.

Esta es la historia de los letones, uno de los pueblos más valientes de Europa, que lucharon con uñas y dientes contra el comunismo soviético en la mayor contienda de la historia universal. Anhelaban la libertad. Confiaban en obtenerla peleando. Se encomendaban a Dios para que bendijera a Letonia, pues sabían lo que ocurriría si perdían. Otros 50 años más de comunismo.

Soldados letones prestando juramento de lucha contra el bolchevismo encuadrados en las unidades de la *Waffen SS*.

Letonia en el período de entreguerras

Formación de tropas letonas en los años 30 del siglo XX. Disponen casco alemán de la Primera Guerra Mundial y fusiles Ross Enfield Pattern 1914, fabricados en Canadá.

El territorio que hoy conocemos como Letonia formó parte del Imperio Ruso desde finales del siglo XVIII. Tras la firma del Tratado de Paz de Brest-Litovsk, los bolcheviques salieron de la Gran Guerra, renunciando a Finlandia, Polonia, Estonia, Livonia, Curlandia, Lituania, Besarabia y Ucrania, que quedaron bajo el dominio de los imperios centrales.

Entre marzo y noviembre de 1918, en los territorios bálticos del norte se instauraron los llamados «Ducado de Curlandia» y «Ducado del Estado Báltico» –auspiciados por los alemanes bálticos– quienes proclamaron su deseo de unirse a Prusia. El 22 de septiembre el Kaiser Guillermo II reconocía como estado soberano el territorio, y el 5 de noviembre se formaba un Consejo de Regencia para el llamado «Ducado Unido del Báltico». Sólo Alemania reconoció este nuevo Estado.

La derrota alemana dio al traste con estas expectativas, generando una situación de vacío en toda la zona occidental del antiguo Imperio Ruso. Por eso los aliados decidieron que las tropas alemanas permanecieran en los países bálticos, para evitar que la región fuera ocupada por el Ejército Rojo.

Los bolcheviques rusos organizaron un ambicioso plan que perseguía avanzar a través de los estados bálticos y provocar una revolución comunista en Alemania, desde donde la exportarían mucho más fácilmente al resto de países europeos occidentales.

Los estonios, por proximidad, fueron los primeros en ser atacados, aunque con mucho esfuerzo y la ayuda de los propios aliados, lograron forzar la retirada del Ejército Rojo del país a principios de enero de 1919. Ese mismo mes, la ofensiva del Ejército Rojo provocó la toma de las capitales de Letonia –Riga– y de Lituania –Vilna–, y el avance comunista hasta el río Venta, en Letonia, ocupando el norte y el este de Lituania. Letonia y Lituania tuvieron que confiar en los alemanes, quienes además de expulsar a los soviet deseaban establecer su hegemonía en la región.

El general Rüdiger Graf von der Goltz intentó crear en Letonia una fuerza anticomunista germano-rusa que combatiera y expulsara a los soviets y organizara regímenes bálticos con cierta dependencia de Alemania. Sus tropas arrebataron Riga al Ejército Rojo el 22 de mayo de 1919, y después organizaron un gobierno títere, continuando su avance hacia el norte. El ejército de Estonia, en el que se encuadraban más de 2000 letones, paró esta ofensiva, haciendo retroceder a las tropas germanas quienes, finalmente, abandonaron Riga, restaurándose el gobierno de Letonia.

Arriba. El general Rüdiger von der Goltz.

Abajo. Desfile de las tropas de la «Eiserne División», unidad «Freikorps» alemana que combatió en Letonia

Con la esperanza de dominar los países bálticos, el general von der Goltz, retirado con sus tropas en la región de Curlandia –al oeste de Riga, a orillas del Báltico–, se uniría en julio al ejército anticomunista del coronel Pavel Bermondt-Avalov, tomando parte en los ataques a Riga y al noroeste de Lituania. Pese a la fuerza y los efectivos empleados en estas operaciones, la campaña de Bermondt no tuvo éxito y el 15 de diciembre de 1919, las tropas germanas habían abandonado Letonia.

En el transcurso de esta campaña contra las fuerzas alemanas, la presión bolchevique sobre las tres repúblicas bálticas no cesó en ningún momento. En agosto de 1919 Lituania consiguió expulsar al Ejército Rojo del noroeste del país, y a final de año Estonia abortó una nueva invasión rusa. Tras la expulsión de los bolcheviques del sureste de Letonia, obtenida por una fuerza polaco-letona, los soviéticos firmaron los tratados de Tartu (febrero de 1920), Moscú (julio de 1920) y Riga (agosto de 1920), reconociendo la independencia de los estados bálticos.

La primera unidad armada de Letonia en la Guerra de la Independencia fue el denominado Batallón «Kalpak» –por el apellido de su comandante–. Tras la muerte de Kalpak en combate contra los rusos, el 21 de marzo de 1919, Janis Balodis fue nombrado nuevo comandante de la unidad, que crecería hasta convertirse en la «Brigada del Sur de Letonia». A mediados de julio de ese mismo año, la brigada se transformó en la División de Infantería «Kurzeme» (Curlandia) de las Fuerzas Armadas de Letonia.

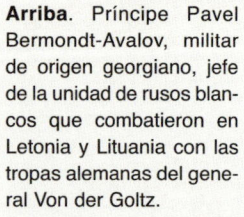

Arriba. Príncipe Pavel Bermondt-Avalov, militar de origen georgiano, jefe de la unidad de rusos blancos que combatieron en Letonia y Lituania con las tropas alemanas del general Von der Goltz.

Centro. Distintivo de los rusos blancos en la Guerra Civil rusa.

La denominada «Brigada del Norte de Letonia» fue una formación militar letona que se estableció en el territorio de Estonia y en los distritos del norte de Vidzeme liberados por el Ejército de Estonia, entre el 3 de febrero y el 31 de marzo de 1919. Hasta julio la unidad estuvo subordinada a las Fuerzas Armadas de Estonia en cuestiones de suministros y capacidad operativa. Más tarde se uniría a la «Brigada del Sur de Letonia» para formar las Fuerzas Armadas de Letonia.

Las fuerzas armadas letonas en 1939-1940

Arriba. El ministro de Defensa y general letón, Janis Balodis, saluda a varios oficiales en una parada militar.

Abajo. Dotación de una ametralladora pesada durante un entrenamiento. Daugavpils, en 1934.

Letonia organizó su ejército en dos ramas, las clásicas de Ejército y Marina, cada una con su aviación correspondiente.

La población letona en estas fechas rondaba los dos millones de habitantes, el servicio militar era obligatorio para los varones al cumplir los 21 años, y su duración era de un año para unidades de infantería, y un año y medio para el resto de especialidades. Una vez finalizado el período de permanencia en filas, los hombres pasaban a la reserva, en la que estaban desde los 22 años hasta los 39. En este período se les podía activar en caso de conflicto. Entre los 40 y los 50 años, los letones pasaban a una segunda reserva.

En período de paz las fuerzas armadas letonas disponían de 24 300 hombres, a los que había que sumar otros 1200 de la denominada «Guardia de Fronteras». En guerra podían movilizar casi 150 000.

El Ejército letón disponía de cuatro divisiones de infantería y la llamada división técnica (que integraba blindados, carros de combate, aviación...), además de otra unidad con la estructura de una división, que encuadraba la artillería pesada, la de costa, la antiaérea y la ferroviaria.

Las cuatro divisiones de infantería tenían, básicamente, la misma estructura, con un cuartel general divisionario, tres regimientos de infantería y uno de artillería, excepto la 4ª, que además incorporaba el

13

Arriba. Riga, 1926. Soldados letones firmando la promesa solemne como miembros del 4º Regimiento de Infantería «Valmiera».

Abajo. Aeródromo de Spilve (Riga), 1938. Oficiales del Regimiento de Aviación, junto a los nuevos aparatos Gloster «Gladiator», adquiridos para la aviación letona.

único regimiento de caballería del Ejército de Letonia. La mayoría de los regimientos de infantería, y todos los de las demás armas, disponía de dos batallones, aunque alguno de infantería llegó a disponer de tres.

Las cuatro divisiones de infantería recibieron el nombre de una región letona: la primera fue bautizada «*Kurzeme*» (Curlandia), la segunda, «*Vidzeme*» (Vidlandia), la tercera, «*Latgale*» (Latgalia) y la cuarta «*Zemgale*» (Semigalia).

En 1940 la división «*Kurzeme*» estaba al mando del general Hermanis Buks, disponiendo de tres regimientos de infantería, denominados «*Liepaja*» (1º), «*Ventspils*» (2º) y «*Jelgava*» (3º) y uno de artillería –denominado «*Kurzeme*», como la división–.

La división «*Vidzeme*» estaba al mando del general Fricis Virsaitis disponía de tres regimientos de infantería: «*Valmiera*» (4º), «*Cesis*» (5º) y «*Riga*» (6º) y un regimiento de artillería, «*Vidzeme*».

La división «*Latgale*», a las órdenes del general Andrejs Krustins, integraba los regimientos de infantería «*Sigulda*» (7º), «*Daugavpils*» (8º) y«*Rezekne*» (9º) y el regimiento de artillería «*Latgale*».

La cuarta división de Infantería denominada «*Zemgale*», al mando del general Bachs, estaba formada por los regimientos de infantería «*Aizpute*» (10º); «*Dobele*» (11º) y «*Bauska*» (12º); el regimiento de artillería «*Zemgale*» y el 1º Regimiento de Caballería.

La División Técnica estaba compuesta por un cuartel general, y cuatro regimientos de especialidades: ingenieros-zapadores, autotanques, transmisiones y aviación.

Aunque desde junio de 1919 existió en Letonia un Grupo de Aviación –transformado en septiembre de 1921 en Unidad de Aviación– el Regimiento se organizó en 1926 y se integró en la denominada División Técnica. En la época que estudiamos –1939-1940– disponía de ocho escuadrillas de combate, cuatro de ellas de caza –en las que se encuadraban 26 aparatos británicos Gloster Gladiator y seis Bristol Bulldog MK II–, dos de reconocimiento y bombardeo ligero –con 21 Letov S.16 checos–, una de reconocimiento lejano –con tres aviones Hawker Hind británicos– y una de reconocimiento marítimo con cuatro Fairey Seal. También mantenía varios modelos de aviones de escuela y entrenamiento.

El Regimiento de Autotanques también fue organizado en 1926, integrándose en la División Técnica del Ejército letón. Estaba ubicado en Riga, aunque en la primavera de 1940 trasladó su sede a Cesis. Disponía de tres compañías acorazadas, dos de ellas en Riga y otra en Daugavpils.

La 1ª Compañía (Riga) disponía de dos secciones de tanques: la primera dotada con los vetustos Mark V y Mark B, procedentes de la Primera Guerra Mundial (dos carros de cada modelo), y la segunda con Fiat 3000 adquiridos a mediados de los años 20 (seis unidades).

La 2ª Compañía (Daugavpils) y la 3ª Compañía (Riga) agrupaban tres secciones cada una, dotadas de tanques Vickers Carden Lloyd 4 Ton. Mod. 36 y 37 (nueve carros cada compañía).

Arriba. De izquierda a derecha: blindados Pierce-Arrow «Viesturs», Fiat Beardmore «Sargs» y Austin MK.2 «Zemgalietis». Procedían de la Guerra de Independencia de Letonia, aunque fueron reconstruidos y modernizados. Se integraron en la Compañía de Blindados del Regimiento de Autotanques.

Además, el regimiento mantenía una compañía de blindados de ruedas con los supervivientes de la Guerra de Independencia y otros incorporados posteriormente, agrupados en dos secciones, una pesada y otra ligera.

Por último, las unidades específicas de artillería –pesada, antiaérea, de costa o sobre vía férrea,–, estuvieron agrupadas bajo el mismo mando, en una unidad de entidad divisionaria, conformando cuatro regimientos.

Las fuerzas navales letonas comenzaron a formarse en 1924, estableciéndose el Escuadrón de Defensa de la Costa, que en 1938 pasaría a llamarse Flota de Guerra de Letonia. Componían ésta, el buque insignia *Virsaitis*, la División de Minadores, con los dragaminas-minadores *Imanta* y *Viesturs* –construidos en Francia en 1926–, la División de Submarinos, con dos sumergibles costeros: el *Ronis* y el *Spidola* –construidos también en Francia en las mismas fechas– y, desde 1924 hasta 1936, la División de Aviación Naval, dotada de cazas y varios tipos de hidroaviones. La flota letona tenía además dos buques rompehielos en la bahía de Riga –*Lacplesis* y *Varonis*– y seis buques auxiliares. Formaban parte de la Marina Militar de Letonia 630 hombres y 24 embarcaciones.

Por último habría que mencionar a la organización paramilitar «Aizsargi» fundada en marzo de 1919 e inspirada en la organización de guardias finlandeses (*Suojeluskunta*), cuya tarea era ayudar a las instituciones estatales a mantener la paz, la seguridad y el orden.

En 1921 se reorganizó en una formación militar independiente, regida por instrucciones del Ministerio del Interior, constituyendo una fuerza muy superior al ejército regular, dividida en 19 regimientos de infantería, un regimiento ferroviario, uno de aviación y varias unidades especiales. El golpe de estado del primer ministro, Karlis Ulmanis, de mayo de 1934, estuvo apoyado por la «Aizsargi». En 1940, la organización tenía 60 684 miembros.

Página anterior, abajo. Desfile de la artillería pesada letona. Primer plano de una pieza alemana de 15 cm hipomóvil.

Abajo. Parada naval de la pequeña flota letona a mediados de los años 30 del siglo XX. En el centro el buque insignia Virsaitis, en primer plano uno de los dos submarinos costeros y al fondo, uno de los dragaminas-minadores construidos en Francia.

La ocupación soviética de 1940

L a pérdida de la independencia de Letonia en 1940 fue parte de los acontecimientos que generaron el comienzo de la Segunda Guerra Mundial y de las relaciones mutuas entre las dos superpotencias, la URSS y Alemania, en los años 1939-1940. Los tres hitos principales del proceso de pérdida de independencia fueron la ocupación, la anexión y la sovietización. Estos procesos no fueron consecutivos, sino que fueron superponiéndose unos a otros, en ese mismo orden.

Firma del Pacto germano-soviético en Moscú. Molotov, sentado, rubrica el pacto. Detrás de él, el ministro de Asuntos Exteriores alemán, Von Ribbentropp, se muestra exultante. A su lado, Stalin aparece esbozando una sonrisa.

Los acontecimientos ocurridos en los Estados bálticos en el primer semestre de 1940 fueron la secuela del acuerdo entre la URSS y Alemania sobre la esfera de influencia y la división del territorio en vísperas de la Segunda Guerra Mundial (los protocolos secretos del Pacto Molotov-Ribbentrop), así como la preocupación de Alemania por las hostilidades en Occidente entre abril y mayo de 1940, que permitió a Stalin reforzar su posición en estos territorios, establecida en el citado pacto.

En agosto de 1939, la URSS comenzó a concentrar tropas cerca de la frontera con Letonia, alcanzando una cifra próxima a los 200 000 soldados, con aviación y carros de combate. En Letonia, las fuerzas armadas regulares sumaban en aquél momento menos de 20 000 hombres.

Los Acuerdos de «Bases»

Tras la invasión germano-soviética de Polonia, el 28 de septiembre de 1939 Alemania y la URSS firmaban un acuerdo que incluía un protocolo sobre la emigración de los alemanes bálticos desde Estonia y Letonia. En esas mismas fechas la URSS ofreció a los gobiernos de Estonia, Letonia, Lituania y Finlandia celebrar «acuerdos de amistad y asistencia mutua» (los llamados Acuerdos de «Bases»). Estonia lo firmará el mismo 28 de septiembre, mientras Letonia lo hará el 5 de octubre en Moscú. El 10 de octubre Lituania firmaría un pacto similar. Después de que Finlandia se negara a firmar tal tratado tras prolongadas negociaciones, el Ejército Rojo atacó su territorio, iniciando la llamada «Guerra de Invierno».

Incluso antes de firmar el pacto, el presidente Ulmanis no tenía dudas sobre lo que sucedería si Letonia se negaba a estampar su rúbrica en el documento. Justificó su decisión ante su estrecho colaborador Adolf Cleves:

> Cualquier resistencia militar a los rusos es imposible. Nuestro sistema de defensa desde los primeros días del país, se ha basado en una o dos semanas de resistencia, mientras recibimos ayuda de la Sociedad de Naciones o de países amigos.

VILHELM MUNTERS

Nació el 25 de julio de 1898 en Riga, hijo de un comerciante estonio y de madre alemana báltica estonia. Graduado en la Escuela de Negocios de la Bolsa de Riga en 1915, se matriculó en la Facultad de Química ese mismo año, continuando sus estudios en Moscú tras la evacuación provocada por la Primera Guerra Mundial. Combatió en la Guerra de Independencia de Letonia y alcanzó el grado de sargento mayor, abandonando el ejército en diciembre de 1920,. Desde entonces comenzó a trabajar en el Ministerio de Asuntos Exteriores, donde fue alcanzando puestos relevantes. En 1931 participaba en todas las reuniones plenarias de la Sociedad de Naciones en nombre de Letonia. En 1934, tras el golpe de estado de Ulmanis, Munters se convertiría, de facto, en el jefe del ministerio. En julio de 1936 fue nombrado ministro de Asuntos Exteriores de la República de Letonia, cargo en el que se mantendría hasta el 21 de junio de 1940.

El 7 de junio de 1939 firmaba un Pacto de No Agresión con Alemania y el 5 de octubre de ese mismo año, un Tratado de Asistencia Mutua con la Unión Soviética, conocido en Letonia como «Tratado de Bases», que utilizaría la URSS posteriormente para justificar la ocupación de Letonia. En julio de 1940, él y su familia fueron deportados a Voronezh. En junio de 1941 fue arrestado y tras pasar por varias cárceles, fue condenado a 25 años de prisión por «lucha activa contra el movimiento obrero revolucionario y acciones hostiles contra la URSS». Tras la muerte de Stalin fue puesto en libertad, pero se le prohibió regresar a su país hasta 1958, año en que se trasladó a la República Soviética Socialista de Letonia, trabajando como traductor y colaborando con publicaciones científicas. Munters criticó en la prensa letona a las asociaciones de la diáspora (sobre todo a la norteamericana). Falleció en enero de 1967, en Riga.

Ahora no podemos esperar tal: la Sociedad de Naciones es impotente y nuestro aliado, Estonia, ya ha firmado un tratado. Polonia ha sido derrotada y la comunicación con Gran Bretaña y Francia ha sido cortada. No hay duda de que tendremos que firmar un tratado similar en Moscú como los estonios han firmado.

Después de breves negociaciones sobre la ubicación de las bases del Ejército Rojo, la URSS llevó a Letonia un contingente de tropas de 25 000 hombres, que instaló en bases terrestres, aéreas y navales. Las demandas de privilegios adicionales de los rusos eran continuas, y el 13 de octubre se firmaría el primer acuerdo adicional al convenio. En menos de un año se firmarían otros 11 más.

Abajo. El Comisario del Pueblo para Asuntos Exteriores en 1939 y 1940 era Vyacheslav Molotov.

El 2º Cuerpo de Fusileros Independiente del Ejército Rojo en Letonia incluía la 67ª División de Fusileros, la 6ª Brigada de Tanques ligeros, el 10º Regimiento de Tanques pesados y la 86ª División de artillería antiaérea. El cuartel general del 2º Cuerpo de Fusileros Independiente estaba en Liepaja, un batallón en Ventspils y la 6ª Brigada de tanques en Vainode.

Además, se envió a Letonia la 18ª Brigada de aviación, con tres regimientos, que fueron ubicados en los aeródromos letones: el 15º Regimiento de cazas, en Ventspils; el 21º Regimiento de cazas, en Liepaja (dos escuadrones) y el 39º Regimiento de aviación mixta (dos escuadrones), en Vainode. Más tarde llegaría a Letonia un regimiento de bombarderos pesados (64 aviones).

A partir de enero de 1940, cada mes partieron desde la URSS, con destino a las tres repúblicas bálticas, 220 vagones (unos 11 trenes) con tropas y vehículos blindados.

Página anterior, abajo. Berlín, 7 de junio de 1939. Firma de los Pactos de No Agresión entre Alemania y Letonia y Alemania y Estonia. En el centro, el ministro de Exteriores germano, Von Ribbentropp. A la izquierda el ministro de exteriores estonio Selter y a la derecha, el ministro de Exteriores letón, Munters.

El 9 de enero de 1940, el representante autorizado de la URSS en Letonia, I. Zotov, envió un informe al Comisario Adjunto de Asuntos Exteriores de la URSS, Vladimir Potemkin, y al Departamento de los Estados Bálticos, en el que reconocía que el Gobierno letón afirmaba que el acuerdo se debió a «amenazas de la URSS, que ha reunido sus tropas en la frontera de Letonia». Zotov admitió que oficialmente el estado letón se comportaba lealmente hacia la URSS, pero «el gobierno letón cumple el pacto de asistencia mutua con gran disgusto».

PREPARANDO LA OCUPACIÓN DE LAS REPÚBLICAS BÁLTICAS

A principios de 1940, la URSS había desarrollado un plan detallado para invadir los Estados bálticos, derrotar a sus ejércitos, transportar prisioneros de guerra a la URSS y encerrarlos en campos de concentración. El 9 de junio de 1940, el Comisario Popular Adjunto de Asuntos Internos de la URSS, Vladimir Chernyshov, informó al Politburó que las tropas rusas estaban preparadas para la retirada y recepción de los ejércitos de los países bálticos desarmados en ocho campos. En las zonas fronterizas orientales de los Estados bálticos se crearon una serie de puntos de recepción para la «aceptación» de prisioneros de guerra de los tres países bálticos con el fin de enviarlos a los campos de concentración preparados. A primeros de mayo, una comisión especial del Comité Central del Partido Comunista de la Unión Soviética y el NKVD formaron en

Leningrado un grupo operativo especial con agentes que hablaban estonio, letón y lituano para enviarlos a los países bálticos. Fueron formados como expertos en las condiciones locales para que pudieran actuar como intérpretes, propagandistas y chekistas en caso de una ocupación clásica, en la que la población local se negara a cooperar. El 14 de junio, el comandante del Área Especial de Guerra de Bielorrusia, general Dmitry Pavlov, emitió una orden sobre cómo tratar a los prisioneros de guerra de los ejércitos nacionales del Báltico. En cumplimiento de esta orden, los prisioneros deberían ser enviados a la frontera entre la URSS y los países bálticos. También se establecieron normas para la alimentación de los prisioneros de guerra, prohibiendo la confiscación de los efectos personales de los soldados, excepto las armas.

El 4 de abril de 1940, el jefe del Departamento de los Estados Bálticos del Comisariado del Pueblo de Asuntos Exteriores, A. Lisjaks, informaba a su jefe, Vyacheslav Molotov, que los círculos gobernantes de Letonia consideraban que el acuerdo de asistencia mutua entre la URSS y Letonia del 5 de octubre de 1939 era una concesión a la fuerza y una «fase de transición impuesta».

A principios de junio de 1940 había 84 unidades diferentes del Ejército Rojo estacionadas en territorio de Letonia. En esas mismas fechas la URSS comenzó a concentrar importantes fuerzas militares cerca de las fronteras de los estados bálticos.

Página siguiente, arriba. Viñeta publicada en octubre de 1939 en el Japan Times, en la que se ve a un soldado soviético enganchando con una hoz a dos niños (Letonia y Lituania). En la hoja de la hoz se lee: «Pactos de Ayuda Mutua»

Actividades desestabilizadoras en Letonia

En diciembre de 1939, bajo la supervisión de agentes de los servicios especiales de la URSS y con su participación directa, se organizaron los comunistas y socialdemócratas letones, publicando un memorando que llamaba al Ejército Rojo a derrocar la dictadura de Karlis Ulmanis.

Se intentó organizar un llamado «Gobierno alternativo», que ocuparía algunas instituciones en Ventspils y Liepaja y, con el apoyo del Ejército Rojo, como «gobierno popular» se opondría al «régimen fascista de Ulmanis».

Agentes soviéticos y comunistas locales desarrollaron técnicas de agitación en algunas fábricas, intentando organizar un levantamiento obrero en Letonia, que pediría el apoyo militar de la URSS. Estas actividades fueron detectadas y sofocadas en abril por la policía política letona, que arrestó a 67 activistas comunistas en Riga.

Al igual que ocurriría en Lituania, en Letonia se organizó un presunto secuestro de soldados y marineros del Ejército Rojo del que se acusó a los servicios especiales letones. Lo que hoy se conoce como actividades de «falsa bandera».

Abajo. El ministro de Defensa letón en junio de 1940 era Krisjanis Berkis, quien había sustituido recientemente a Janis Balodis al frente de la cartera. Fue destituido por las nuevas autoridades tras la ocupación soviética y emigró con su familia a Finlandia. Su sentido del deber para con su patria le llevó a regresar a Letonia pero en el camino fue detenido en Tallin por los soviéticos y enviado al Gulag, donde moriría en 1942.

Prolegómenos de la ocupación de Letonia

El 3 de junio de 1940, el ministro de Defensa letón, Krisjanis Berkis, visitaba Moscú. Allí se enteró de que por orden del Comisario de Defensa, Semyon Tymoshenko, todas las fuerzas armadas soviéticas estacionadas en los países bálticos se unificaban en un único grupo: el Especial Báltico. Del 4 al 7 de junio se declaró la alerta en las zonas de Leningrado, Kalinin y Bielorrusia, y bajo la apariencia de unas maniobras rutinarias, las tropas comenzaron a concentrarse en las fronteras de los estados bálticos.

El 3.º Ejército soviético con el 4º y el 24º Cuerpo de Fusileros y el 3º Cuerpo de Caballería estaban estacionados en la frontera sureste de Letonia y Lituania. El 11º Ejército con el 10º y 11º Cuerpo de Fusileros y el 6º Cuerpo de Caballería estaban estacionados en la frontera con Lituania. Las posiciones de salida entre el Golfo de Finlandia y el lago Peipus estaban ocupadas por unidades de la 11ª División de Fusileros. El 8º Ejército estaba estacionado al sur del lago Peipus. En la frontera de Lituania, el Ejército Rojo terminó de ocupar sus posiciones iniciales el 15 de junio, y en la frontera de Letonia y Estonia, el 16 de junio. El número total de soldados en estas unidades rondaba los 450 000, con 8000 cañones, 3000 carros de combate y 2600 aviones.

El 8 de junio de 1940 se declaró la alerta en las unidades del Ejército Rojo estacionadas en los Estados bálticos en base a los Pactos de Asistencia Mutua, así como en sus fronteras. El 11 de junio, de 13:00 a 16:00 h, se celebró una reunión con la participación del recién nombrado comandante de las tropas, el general Dmitry Pavlov, quien presentó el plan de combate y las tareas de las tropas. Desde las 21:30 h del 10 de junio de 1940, las estaciones de radio de las tropas rusas ubicadas en las bases de los países bálticos funcionaban únicamente en modo de recepción, esperando la señal para iniciar la operación. Las tropas debían asestar un golpe repentino al ejército lituano, impidiendo su retirada a Prusia Oriental y capturar Lituania en tres o cuatro días. El 12 de junio de 1940, por orden del General del Distrito Militar Occidental, Dmitry Pavlov, el 11º Ejército junto con unidades del 16º Cuerpo de Fusileros Especiales (SSK) atacaron Lituania.

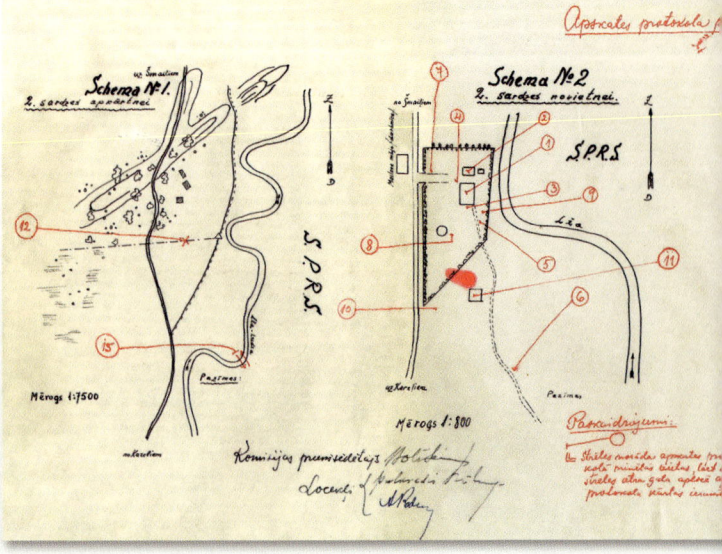

En la noche del 14 al 15 de junio, el Ejército Rojo cruzó la frontera con Letonia y atacó los puestos fronterizos nº 2 (Malenski) y 3 (Smaili) de la 1ª Compañía del III Batallón «Abrene», destruyéndolos. En este ataque, denominado «incidente fronterizo de Maslenki», ambos puestos de guardia fronterizos fueron incendiados y tres guardias fronterizos y dos civiles murieron a consecuencia de

Centro. Estado en el que quedó el puesto fronterizo de Malenski tras el ataque soviético.

LA PRIMERA DETENCIÓN ILEGAL SOVIÉTICA

La noche del 14 al 15 de junio de 1940 se documentó la primera detención ilegal de un ciudadano letón realizada por las estructuras de poder de la URSS en el territorio de Letonia: el agricultor letón Dmitrijs Maslovs fue capturado y llevado a la URSS. De inmediato se abrió una causa penal contra él por cooperación con la guardia fronteriza letona y el servicio de inteligencia, y por espionaje contra la Unión Soviética. El 8 de abril de 1942, Maslov fue condenado a muerte. El primer guardia fronterizo arrestado, Fridrihs Purins (1893-1941), cuya esposa e hijo morirían también como consecuencia del ataque, fue posteriormente encarcelado en la Prisión Central de Riga y fusilado cuando los soviéticos huyeron de la capital letona los días 27 y 29 de junio 1941.

los combates. Nueve guardias fronterizos y 28 civiles letones fueron llevados prisioneros a la URSS.

El 14 de junio fue derribado un avión de pasajeros que realizaba un vuelo regular de Tallin a Helsinki. El avión, un Junkers Ju 52 «Kaleva» de la compañía finlandesa «Aero» fue alcanzado por los bombarderos soviéticos DB-3 y las nueve personas que viajaban a bordo murieron. Además, durante el bloqueo fueron capturados 52 barcos, algunos incluso recibieron disparos.

La tarea de la flota soviética era bloquear completamente los puertos de Tallin y Paldiski (Estonia) y Liepaja (Letonia), estar preparada para ocupar la base naval lituana en Palanga y detener todo el tráfico entre Riga y el Golfo de Finlandia.

El mismo día que Letonia sufría los ataques a los puestos fronterizos, el 14 de junio, la URSS lanzó un ultimátum a Lituania, acusándola de violaciones del Pacto de Asistencia Mutua, exigiendo un cambio de gobierno y la entrada de un contingente adicional de tropas soviéticas en el país. Al día siguiente Lituania obedecía el ultimátum y ese mismo día las tropas soviéticas cruzaban sus fronteras.

Ultimátum a Letonia

Fricis Kocins. Fue combatiente en la Guerra de Independencia de Letonia. En 1936 ingresó en el Servicio Exterior. En 1941 fue enviado al Gulag.

El 16 de junio la Unión Soviética lanzaba un ultimátum a Letonia y Estonia ,con exigencias similares a las que había planteado a Lituania. A las 14:00 h de ese mismo día, Vyacheslav Molotov, leyó el ultimátum del gobierno de la URSS al enviado letón, Fricis Kocins, en el que se exigía en tono incondicional la dimisión del gobierno letón, la formación de un nuevo gobierno con personas designadas por la URSS y la entrada de un contingente ilimitado de tropas soviéticas en Letonia, informando que si no se recibía una respuesta positiva del gobierno letón antes de las 23:00 h, el Ejército Rojo entraría en el territorio de Letonia, reprimiendo cualquier resistencia por la fuerza. En ese momento, el Ejército Rojo ya había ocupado Lituania y comenzaba a implementar una operación similar contra Estonia.

Según algunas fuentes, Ulmanis se puso en contacto con el enviado alemán en Letonia, Hans Ulrich von Kotz, para pedirle que abriera el corredor de Klaipeda para la evacuación del gobierno y el ejército, pero Alemania no lo permitió. El ejército no recibió órdenes de luchar y no opuso resistencia alguna a la ocupación, a pesar de que existían planes de la dirección del ejército que así lo preveían.

El 17 de junio a las A las 09:00 h, el representante del Ejército Rojo, el general Pavlov, se reunió en la estación de tren de Joniski con el coronel de las Fuerzas Armadas de Letonia, Otto Odentins. A las 13:00 h, se firmó el acta de capitulación: las fuerzas armadas letonas no harían frente a las unidades del Ejército Rojo y permanecerían en sus cuarteles. El 21 de junio, el general Ludwig Bolstein se suicidó de un disparo en protesta por lo que estaba sucediendo.

Sin esperar la respuesta del gobierno letón al ultimátum ni los resultados de la reunión entre los representantes de los ejércitos, las unidades del 8.º Ejército y del 2.º Cuerpo de Ejército de Fusileros se reagruparon en orden de combate para la marcha y cruzaron la frontera entre la URSS y Letonia. A las 13:00 h, los primeros tanques del Ejército Rojo entraban en Riga, ocupando posiciones en cruces de calles importantes. En primer lugar, tomaron objetivos estratégicos: el aeródromo de Spilve, la estación de ferrocarril, los puentes sobre el Daugava, la oficina central de correos, el telégrafo, la radio, etc. Para comunicarse con Moscú, se instaló un centro de comunicaciones en la plaza Vienibas. El Ejército Rojo bloqueó el tráfico de barcos y aviones civiles con otros países. El 3º Ejército ocupó la parte sureste de Letonia y las unidades del 2º Cuerpo de Ejército Especial de Fusileros ocuparon la parte occidental de Letonia.

El Ejército Rojo ocupó edificios de la administración estatal, centrales telefónicas, oficinas de correos y bancos, imprentas y transmisores de radio en todas las zonas pobladas. Se colocaron guardias en los puentes más importantes, ministerios, bancos, palacio presidencial, etc.

LUVDIGS BOLSTEINS

Tras participar en la Gran Guerra como oficial del ejército ruso, Bolstein se uniría al incipiente ejército de Letonia en diciembre de 1918, combatiendo en la Guerra de Independencia. En agosto de 1919 fue nombrado jefe del Regimiento de Infantería de Rezekne, luchando contra los Berdmontianos, ascendiendo a coronel en noviembre. En 1928 fue nombrado jefe de la Guardia de Fronteras, manteniéndose en ese mismo puesto tras su ascenso a general –en 1935–. Participó en la comisión de la Guardia de Fronteras que investigó las circunstancias del incidente fronterizo de Malenski. El 20 de junio conoció la composición del nuevo gobierno títere de los soviet rusos y el 21 se reunió con el nuevo ministro del Interior, Vilis Lacis, del que dependía la Guardia de Fronteras. A su regreso se pegó un tiro en su despacho, pues se negó a cooperar con la potencia ocupante. En una carta escrita al jefe del ejército letón decía: «Nosotros, los letones, construimos un nuevo edificio señorial para nosotros: nuestro país. Una potencia extranjera quiere obligarnos a derribarlo nosotros mismos. No puedo participar». El motivo de su muerte fue ocultado a la opinión pública.

Arriba y abajo. Varios carros soviéticos BT-7 entrando en Riga. El 17 de junio de 1940 las unidades soviéticas iniciaron la ocupación del país.

Todas las noticias y anuncios posteriores en los medios de comunicación letones fueron censurados por las autoridades de seguridad soviéticas, por lo que sólo se expresó la información necesaria para el estado soviético.

En total fueron nueve las divisiones del ejército de la URSS –con 90 000 hombres– que cruzaron la frontera de Letonia. Un contingente de 25 000 soldados rusos ya estaba ubicado en las bases militares soviéticas en Letonia desde 1939, bloqueando las rutas de suministro en el oeste.

El gobierno letón se vio obligado a aceptar las demandas de la URSS, pero en ningún caso realizó una protesta oficial y, lo que fue más grave, no informó a la población sobre lo que estaba pasando. Esta actitud permitió a la potencia ocupante soviética engañar a la sociedad letona sobre sus verdaderos objetivos y crear ilusiones sobre la restauración del sistema democrático.

OCUPACIÓN DE LAS REPÚBLICAS BÁLTICAS (Junio 1940)

Map labels: Helsinki, Leningrado, Mar Báltico, Paldiski, Tallin, Narva, 11 Fusileros, Haapsalu, Kärdla, ESTONIA, Kuressaare, Parnu, Tartu, URSS, Valga, Pskov, 1 Fusileros, 1, 8, 19 Fusileros, 28 Fusileros, Ventspilis, Riga, LETONIA, Tukums, Jelgava, Rezekne, Fusileros especial, Liepaja, Daugavpils, Siauliai, Panevezys, Memel, Kedainial, LITUANIA, 4 Fusileros, 3, 3 Caballería, Pastovys, Kaunas, Gaiziunai, 16 Fusileros especial, 24, Prienai, Fusileros, Alytus, Vilna, 10 Fusileros, 214 Aerotransportada, ALEMANIA, 6 Caballería, 11 Fusileros, Minsk, Grodno, 11

Leyenda:
- División
- Cuerpo de ejército
- Ejército
- Fronteras en junio de 1940
- Direcciones de entrada de las unidades soviéticas
- Bases soviéticas en 1939
- Bloqueo marítimo
- Fuerzas aerotransportables

MEDIDAS SOVIÉTICAS TRAS LA OCUPACIÓN

En el informe del Comisario del Pueblo de Defensa de la URSS, mariscal Sergei Tymoshenko, de 17 de junio de 1940, se declaraba al Politburó: «Para asegurar el territorio lo antes posible, considero necesario iniciar inmediatamente las siguientes medidas en el territorio del Báltico: ... ser ocupadas inmediatamente por nuestras tropas de guardia fronteriza... Comenzar a desarmar y disolver los ejércitos de las repúblicas ocupadas. Desarmar a la población, la policía y las organizaciones no militares... Asignar la protección de objetos, servicios de guardia y guarnición para nuestras tropas ... Iniciar la sovietización de las repúblicas ocupadas ... Crear una zona militarizada en el Báltico con cuartel general en Riga, en el territorio de las repúblicas ocupadas. Nombrar al general Afanasenko como comandante de las tropas de la zona.

Un año en las garras de Stalin

El 18 de junio de 1940 el emisario de la URSS, Andrei Vishinski, llegó a Riga y se dispuso a formar un gobierno títere, basándose en una lista de candidatos elaborada por la embajada soviética y los servicios de inteligencia. Formalmente, coordinó la formación del gobierno con Karlis Ulmanis, quien aún desempeñaba las funciones de presidente, pero en realidad las recomendaciones del letón no fueron tenidas en cuenta.

También se rechazó el deseo de varios políticos de la época de la república parlamentaria, de participar en la formación del gobierno. El 21 de junio, Ulmanis aceptó oficialmente el nuevo gobierno donde Augusts Kirchenstein se convirtió en Primer Ministro; el general Roberts Dambitis, ministro de Guerra y Vilis Lacis, ministro del Interior. Como jefe del Ejército letón fue nombrado el general retirado Roberts Klavins.

Oficialmente, ninguno de los miembros del nuevo gobierno era comunista, aunque el ministro del Interior, el escritor Vilis Lacis, había trabajado con los servicios de inteligencia soviéticos. La URSS colocó agentes en posiciones que les permitían controlar a la policía, las organizaciones de seguridad y el ejército.

El primer acto legislativo aprobado por el gobierno títere el 21 de junio, fue la ley de amnistía para los presos políticos, que tuvo como resultado la liberación de los comunistas encarcelados. Es más, el único partido legalizado fue el Partido Comunista Letón (LKP).

El gobierno de Kirchenstein actuó bajo el control total de Vishinski y de la embajada de la URSS. Aseguró el funcionamiento de la maquinaria estatal, la legislación gubernamental y los medios de comunicación, en interés de los ocupantes soviéticos.

Los primeros días de la ocupación estuvieron dominados por las consignas de restauración de la democracia, que daban la impresión de que los cambios se limitarían a la destitución de los gobernantes del régimen autoritario, pero en realidad lo que prepararon fue la anexión a la URSS. La dirección de todas las instituciones estatales más importantes fue reemplazada gradualmente. Los comunistas fueron nombrados jefes de ministerios, y sus actividades estaban controladas por asesores enviados desde la URSS.

El anuncio de las elecciones al Parlamento de Letonia (Saeima) se propagó como la restauración de la democracia. Las elecciones se celebraron los días 14 y 15 de julio. La ley electoral, adoptada el 4 de julio, ignoró los requisitos de la Constitución y las leyes letonas sobre la organización de las elecciones, llevándose a cabo su preparación y celebración bajo la supervisión de representantes soviéticos.

Arriba. Nuevo gobierno títere de Moscú. De izquierda a derecha: ministro de Justicia y Finanzas, Juris Paberzs; Asuntos Públicos, Peteris Blaus; desconocido; Bienestar Público, Julius Lacis; Primer Ministro y Presidente, Augusts Kirchensteins, Defensa, Roberts Dambitis; Interior, Vilis Lacis; Policía Política, Vikentijs Latkovskis; Transportes, Janis Jagars.

Abajo. El nuevo jefe del ejército letón, general Roberts Klavins. Había cooperado con los servicios secretos soviéticos desde 1939.

Arriba, Miembros de la Saeima del Pueblo (Parlamento), delante del Teatro Nacional de Letonia en julio de 1940. Es evidente su mimetización con los usos y costumbres de la Unión Soviética.

Abajo, Desfile conmemorativo de la «revolución de octubre», celebrado en Riga, el 7 de noviembre de 1940. La caravana de vehículos decorados con símbolos comunistas, cruza uno de los puentes sobre el río Daugava.

Sólo se presentó la lista aceptada por Moscú, el llamado Bloque Popular Laborista. La participación oficial en las elecciones fue del 94,7% de los votantes habilitados (aunque al no existir censos electorales, estas cifras no pudieron ser verificadas). Y el 97,6% de los votos emitidos fueron a parar a la candidatura del Bloque Popular Laborista.

En la primera sesión de la Saeima, el 22 de julio de 1940 se aprobaron dos declaraciones: la primera sobre el poder soviético, y la segunda, sobre la entrada de Letonia en la URSS. Se nacionalizó la tierra, la banca y las grandes empresas industriales, comerciales y de transportes.

El 30 de julio viajó a Moscú una delegación letona para solicitar al Consejo Supremo de la URSS que admitiera a Letonia en la Unión Soviética, hecho que tuvo lugar el 5 de agosto. Desde ese momento ya no existirían restricciones formales a la sovietización. A partir de septiembre se establecieron las instituciones administrativas de la república modelo soviética.

El 24 de agosto la Saeima había aprobado la composición del gobierno, desde aquel momento denominado Consejo de Comisarios del Pueblo (TKP). Augusts Kirchenstein fue nombrado presidente de la República y Vilis Lācis, presidente del Consejo de Comisarios del Pueblo. La Constitución de la República Socialista Soviética de Letonia fue aprobada al día siguiente.

La transformación del sistema de gobierno local según el modelo soviético comenzó el 27 de noviembre, cuando el presidium de la República tomó la decisión de liquidar los gobiernos de las ciudades y condados y nombrar los presidiums de los comités ejecutivos en las cinco ciudades más grandes (Riga, Liepaja, Daugavpils, Jelgava y Ventspils) y 19 condados.

En la sovietización, no fueron los órganos de gobierno estatal y local los decisivos, sino las instituciones del Partido Comunista de Letonia, aceptado en el Partido Comunista de la URSS, como su organización territorial. Todos los órganos superiores del partido y la administración estatal operaban bajo el estricto control de Moscú. En Letonia, Vladimir Derevyanski fue designado representante del Comité Central, desempeñando las funciones de «gobernador general» en Letonia.

Entre finales de 1940 y principios de 1941, llegaron a Letonia un mayor número de funcionarios del Partido Comunista y de la administración estatal, así como especialistas y técnicos, procediendo los rusos al cierre de todas las organizaciones públicas y políticas independientes de Letonia. En su lugar, se creó una red de sindicatos y de organizaciones públicas de tipo soviético, para niños y jóvenes (pioneros, Komsomol) etc...

Arriba. Cartel de julio de 1940 convocando elecciones a la Saeima. «Vote por el bloque de trabajadores letones. Una unión fuerte e inquebrantable entre la República de Letonia y el SPRS».

Abajo. El representante del Comité Central del Partido Comunista de la URSS en Letonia, Vladimir Derevyanski, delante de un busto de Lenin. Los iconos soviéticos presidían todos los actos de la vida en las repúblicas bálticas, igual que en el resto de la URSS.

Resultados de la ocupación

Se liquidaron todas las instituciones que garantizaban la soberanía de Letonia: el Ministerio de Asuntos Exteriores, las Fuerzas Armadas y la Guardia Fronteriza. Se cerraron las oficinas de representación de Letonia en el extranjero y la URSS se quedó con sus edificios y propiedades. Se redujeron los efectivos del ejército y de la guardia fronteriza, cambiando su composición y relevando a los comandantes. Sobre la base del ejército letón se creó el 24º Cuerpo Territorial de Fusileros del Ejército Rojo.

Después de la anexión comenzó la transformación de las instituciones de seguridad, los tribunales y la fiscalía según el modelo soviético. El decreto de 6 de noviembre del Presidium de la URSS determinó que en las repúblicas bálticas se introdujeran el Código Penal de la República Socialista Federativa Soviética de Rusia y el Código de Procedimiento Penal, que otorgaba el derecho de castigar a los ciudadanos letones también por sus actividades anteriores al 17 de junio de 1940.

De hecho, las detenciones de ciudadanos letones habían comenzado inmediatamente después de la ocupación. En julio de 1940 fueron deportados a la URSS los ministros Vilhelm Munter y Janis Balodis, así como el expresidente Karlis Ulmanis. Un año después, el 14 de junio de 1941, más de 15 000 letones, hombres, mujeres, niños y ancianos, fueron deportados a Siberia y otros 3000 fueron arrestados.

Arriba. Bandera de la República Socialista Soviética de Letonia.

Abajo. De izquierda a derecha. El presidente del Presidium de la República Socialista Soviética de Letonia, Augusts Kirchensteins; el presidente del Comisariado del Pueblo (gobierno), Vilis Lacis; el Comisario del Pueblo de Defensa, general Roberts Dambitis. Todos ellos llevan puesta en la solapa una banderita metálica esmaltada en rojo, con la hoz y el martillo, y la inscripción CCCP (URSS).

RESISTENCIA A LA OCUPACIÓN SOVIÉTICA

La resistencia al régimen de ocupación soviético no comenzó de inmediato, los primeros meses la gente obedeció a las llamadas a la paz. Pronto empezaron a correr noticias sobre los reprimidos, los deportados y los desaparecidos. En el año de ocupación soviética unos 26 000 ciudadanos letones fueron arrestados, asesinados y reprimidos en Letonia. Los asesinatos en masa organizados por los ocupantes rusos tuvieron lugar en Baltezer, Stopini, Katlakalni, Dreilini, la Prisión Central de Riga... «La represión política contra el pueblo de Letonia comenzó inmediatamente después del 17 de junio», escribió el historiador Uldis Neiburgs. Se creó un archivo especial de «elementos socialmente peligrosos», en el que se almacenaba información comprometedora sobre más de 10 categorías de la población. Los rusos arrestaron a más de 3000 personas, la mayoría

de ellas funcionarios de la República de Letonia. Los arrestos y las deportaciones se llevaron a cabo principalmente por «motivos de clase»: las acusaciones se basaban en el artículo 58 del Código Penal de la URSS, que preveía penas por «delitos contrarrevolucionarios» y «traición». La deportación de mujeres, niños y ancianos se justificó con la detención del cabeza de familia. Al mismo tiempo, se produjo la nacionalización de la propiedad privada, expropiando sin compensación empresas industriales y comerciales, bancos, propiedades residenciales, hoteles, hospitales, farmacias... Los ocupantes rusos completaron la nacionalización a principios de 1941. Varios movimientos de resistencia se organizaron de manera espontánea en este período.

Uldis Neiburgs escribió: «El 13 de mayo de 1941 tuvo lugar una acción conjunta organizada por jóvenes escolares, en la que se distribuyeron simultáneamente alrededor de 5000 pasquines antisoviéticos en Riga, Jelgava, Cēsis, Bauska y otras ciudades. Debido a la falta de experiencia en actividades ilegales y a la eficacia de los métodos de las autoridades de seguridad soviéticas, la mayoría de los miembros del movimiento de resistencia fueron arrestados y condenados a muerte o pasaron varios años en campos de prisioneros en zonas remotas de la URSS, desde donde sólo unos pocos regresaron a su tierra natal». En la primavera de 1941 se organizó un movimiento de resistencia nacional con varias organizaciones activas; sus acciones fueron, sobre todo, sabotear las órdenes de la potencia ocupante y difundir consignas ilegales, así como prepararse para la lucha armada por la restauración de una Letonia independiente. La formación de tales organizaciones estuvo motivada en la aversión de la mayoría de la población letona hacia los ocupantes soviéticos, sus mentiras y su crueldad manifiesta. Antes de que el Ejército Rojo se retirara de Letonia en junio de 1941, unas incipientes unidades partisanas letonas comenzaron a luchar contra los rusos, intentando retrasar la deportación de los residentes letones y el saqueo de valores materiales y artísticos a la URSS. La guerra de guerrillas se cobró la vida de varios cientos de combatientes. Los partisanos letones lograron matar a unos 800 soldados del ejército ruso y capturar a unos 1500 miembros de las formaciones armadas ocupantes, incluidos colaboradores.

La nacionalización de bancos y grandes empresas (con más de 20 empleados) comenzó bajo el liderazgo de representantes de Moscú. A esto siguió la nacionalización de empresas comerciales, viviendas grandes (con una superficie habitable de más de 220 m^2 en Riga, Liepaja, Ventspils, Jelgava y Daugavpils o 170 m^2 en otras ciudades letonas y centros industriales individuales) y empresas más pequeñas.

El presidente Kirchenstein (de paisano), el jefe del ejército, general Roberts Klavins (izquierda, leyendo), y el ministro de Guerra Dambītis (derecha) en la última graduación de la Escuela de Guerra de Letonia el 27 de julio de 1940. Entre ellos, el último director de la Escuela Militar, el coronel Konstantin Mateus, que fue detenido y fusilado el 21 de enero de 1941. El general Klavins sería fusilado en Moscú en octubre de 1941, tras una parodia de juicio.

La declaración adoptada en la Saeima sobre la reforma agraria y la transferencia de tierras a propiedad comunal, determinó que el tamaño máximo de una finca podría ser de 30 hectáreas, el resto debía incluirse en el fondo estatal de tierras, del que se asignarían a pequeños agricultores sin tierra no más de 10 hectáreas. El objetivo de la reforma agraria era preparar las condiciones previas para la colectivización de la agricultura.

El 25 de noviembre de 1940 se introdujo el rublo como medio de pago, retirando la moneda letona –el lats– de la circulación el 25 de marzo de 1941. Los lats se cambiaron por rublos en una proporción de 1:1, que era mucho menor que el valor real de los lats en términos de rublo. Se confiscaron todas las inversiones en bancos y otras instituciones de crédito que superaran los 1000 lats.

ORGANIZACIÓN DE COMBATE PARA LA LIBERACIÓN DE LETONIA

En mayo de 1940, Oto Legers y Teodor Gulbis, dos patriotas letones preocupados por la presencia en Letonia de un fuerte contingente militar ruso, desarrollaron la estructura del movimiento *Kaujas Organizācija Latvijas Atbrīvošanas* (KOLA) para luchar contra los soviéticos cuando fuera necesario. Tuvieron conexiones con otros movimientos patrióticos como la Legión Nacional Letona, así como con movimientos lituanos y estonios. Desde el principio de su existencia, KOLA tuvo infiltrados agentes del NKVD, que consiguieron identificar a los miembros principales, todos ellos jóvenes estudiantes y trabajadores, detenerlos e interrogarlos. Fueron deportados 17 miembros, siendo juzgados en la URSS el 5 de diciembre de 1941, enfrentándose todos ellos con valentía a su incierto futuro, alegando ante el tribunal sus intenciones de liberar a Letonia de la ocupación soviética, con las armas en la mano si fuera necesario. Doce de los acusados fueron condenados a muerte y ejecutados el 28 de abril de 1942. Los otros cinco –tres enfermeras– fueron condenados a diversas penas de cárcel. Uno de los condenados a prisión, Hariju Veisu, sobrevivió al Gulag y consiguió regresar a Letonia, donde esperaba encontrar a su madre. Ésta había marchado a Alemania y después a USA, donde había fallecido antes de que Veisu fuera liberado. (Datos tomados del libro «*Ar ticību Latvijas saulei*» de Atis Skalbergs).

LA LEGIÓN NACIONAL LETONA

Latviesu Nacionalais legions fue un grupo clandestino de resistencia nacional contra la ocupación de Letonia por la Unión Soviética. Se formó a finales de julio de 1940 y estuvo activo hasta principios de 1941, cuando fue desmantelado por la inteligencia y la NKVD soviéticas. Los fundadores fueron Janis Tamanis y Alfons Kalns, que reclutaron a antiguos combatientes por la independencia de Letonia. Curiosamente, se declararon enemigos de judíos, socialdemócratas, comunistas, alemanes, nazis, nacionalistas de Perkonkrusts (Cruz del Trueno), y masonería. Se organizaron al estilo militar, y su fuerza más importante estaba en Riga, aunque también se movían en otros lugares de Letonia, como Latgalia. Su actividad militar fue nula, pues sólo consiguieron unas pocas

pistolas, dedicándose sobre todo a labores de propaganda y financiación. En diciembre de 1940 se produjo la separación de parte de los miembros de la Legión, con Alfons Kalns a la cabeza, pues estos estaban a favor de buscar apoyos en la Alemania nazi. Planearon una fusión con la organización KOLA, dirigida por Teodors Gulbis, aunque esta no se llevó a cabo por el arresto de Kalns. Entre enero y mayo de 1941 continuaron las detenciones de los dirigentes y miembros de la organización, que quedó descabezada y casi sin posibilidad de operar. Un total de 43 miembros de la Legión fueron condenados a muerte, aunque los arrestados por las autoridades rusas fueron muchos más. (Datos tomados del libro «*Latvijas Nationalais legions: pretpadomju pagrides organizacija Latvija. 1940-1941*, de Janis Vilums.)

Poco a poco se fueron formando grupos de resistencia a la ocupación soviética, cuya fuerza más activa se daría desde finales de 1940 hasta la ocupación alemana. Se formaron varias organizaciones, siendo las más importantes: *Jaunlatvieshi, Tevzemes sargi, Kaujas Organizācija Latvijas Atbrīvošanas* (KOLA), *Latviesu Nacionalais Legions* (LNL), y «*Latviešu Tautas Apvienība*» (LTA).

Página siguiente, abajo. Un carro de combate soviético BT-7 abandonado en las afueras de Riga. En su huída, los rusos dejaron mucho material en Letonia.

LAS DEPORTACIONES DEL 14 DE JUNIO DE 1941

El 14 de junio de 1941 tuvo lugar la deportación de más de 14 000 letones por orden del gobierno soviético, a través del Comisariado Popular de Seguridad, con la connivencia del Partido Comunista (bolchevique) de Letonia, y la ayuda de las autoridades locales y el Cuartel General de la Región Militar Especial del Báltico. Casi 700 letones serían ejecutados en aplicación de sentencias de muerte y una cifra próxima a los 3000 –incluyendo ancianos, mujeres y niños– morirían en las cárceles por

diversos y variados motivos. Una vez cumplida su condena, los prisioneros supervivientes de los campos de concentración no fueron liberados, sino enviados a campos de deportación situados en regiones remotas de la URSS. Los últimos deportados supervivientes fueron autorizados a regresar a Letonia en la década de los años 70 del pasado siglo, ¡30 años después de su deportación! Los expedientes de los deportados forman los fondos nº 1896 y nº 1897 del Archivo Histórico Nacional de Letonia.

LLEGAN LOS ALEMANES

Arriba. Soldados alemanes de la 291ª División de Infantería en Riga, manejando un carro de combate capturado a los soviéticos en su huida. Se trata de un carro Vickers Carden-Lloyd 4 Ton Mod. 36, armado con una ametralladora. Realmente era un carro letón incorporado por los soviéticos a su parque acorazado en 1940.

El 22 de junio, a las 04:00 h, la aviación militar alemana realizó ataques aéreos contra las bases navales soviéticas de Ventspils y Liepaja. Los aeródromos, los cuarteles generales y las concentraciones de tropas de la Fuerza Aérea Soviética también fueron bombardeados. Unidades del Grupo de Ejércitos «Norte» –a las órdenes del mariscal de campo Wilhelm von Leeb– invadieron Letonia. Los principales objetivos del ataque fueron Liepaja (Libau para los alemanes) con su puerto, y la capital, Riga, aunque estratégicamente los más importantes fueron los ataques en dirección a Krustpils y Daugavpils, que tenían como objetivo destruir las formaciones y el reagrupamiento de las líneas de defensa de las tropas soviéticas a lo largo del río Daugava.

El repentino ataque de las tropas alemanas sorprendió a las fuerzas soviéticas, que se retiraron de forma caótica sin mostrar resistencia significativa. Las batallas más importantes tuvieron lugar en Liepaja, donde ya el 23 de junio fueron rodeadas las unidades de la 67ª División de Fusileros del Ejército Rojo y algunas tropas de la Marina, mandadas por el general Nikolay Dedayev. La defensa de Liepaja, entre el 23 y el 29 de junio, fue en realidad el intento de la 67ª División de Fusileros de romper el asedio de la 291ª División de Infantería alemana, para retirarse hacia el este. El 27 de junio, parte de las tropas soviéticas logró romper el asedio. Los alemanes ocuparon la ciudad el día 29

El 26 de junio fue capturada Daugavpils con su importante cruce ferroviario, el 27, Tukums, y la *6.Panzerdivision* ocupó Livani el 28. Riga se defendió mínimamente y el mismo día 27 de junio el gobierno de la República Socialista Soviética de Letonia evacuó a Valka, de donde la noche del 4 de julio se trasladó a Novgorod. La fuga del poder soviético de Riga y otras ciudades estuvo marcada por el último estallido del terror rojo: en las cárceles del NKVD se llevaron a cabo ejecuciones masivas de prisioneros políticos y cuando no hubo tiempo para fusilar a los prisioneros, simplemente se arrojaron granadas a las celdas.

El 30 de junio unidades de la *Wehrmacht* cruzaron el río Daugava y el décimo día de la guerra (el 1 de julio) los alemanes ocuparon completamente Riga. El 8 de julio el ejército alemán ocupó todo el territorio de Letonia. Entre 15 000 y 20 000 letones escaparon a la URSS.

Partisanos letones y Policía Auxiliar

Al comenzar la Operación «Barbarroja» los letones vieron la oportunidad de derrotar a los soviéticos y en varios lugares se organizaron pequeños grupos de partisanos armados. Pese a que el gobierno soviético de ocupación había ordenado la confiscación de armas en 1940, muchos ex-policías, guardias de seguridad, soldados, oficiales y agricultores mantuvieron escondidas algunas de ellas en sus casas. Los grupos partisanos se complementaron con desertores de la Guardia Obrera y del 24º Cuerpo Territorial de Fusileros, creado tras la liquidación de las Fuerzas Armadas de Letonia. Se tienen referencias de 129 grupos partisanos diferentes, la mayoría de los cuales –83– operaban en Vidlandia. En Semigalia había 24 grupos y en Curlandia, 22.

El 1 de julio de 1941 el comandante alemán de Riga ordenó orga-

El 1 de julio de 1941 las tropas alemanas entraban en Riga, siendo recibidas como libertadoras. En el monumento a la Libertad de Riga, los patriotas letones improvisaron una bandera letona y otra del III Reich, y las colocaron delante del monumento. Los ciudadanos de Riga llenaron el lugar de flores, celebrando la huída de los soviéticos, anhelando la nueva independencia de Letonia. No sabían que todavía les quedaban 50 años de ocupación.

AUTORIDADES ALEMANAS DE OCUPACIÓN

Con la entrada de la *Wehrmacht* en Letonia, todo el poder quedó concentrado en manos del alto mando alemán. Las fuerzas alemanas en Letonia estaban a las órdenes del general Franz von Roques (sustituido el 25 de agosto, por el general Walter Bremer). A medida que el ejército avanzaba hacia el este, fue reemplazado por una administración civil a partir de septiembre. Se creó un Ministerio especial para la zona oriental ocupada, encabezado por Alfred Rosenberg. A él estaba subordinado el Comisariado del Reich «Ostland», establecido el 17 de julio de 1941, encabezado por Hinrich Lohse. El jefe del distrito general de Letonia era el comisario general Otto Heinrich Drechsler. El distrito general de Letonia se dividió en las comisarías de los distritos rurales de Liepaja, Jelgava, Valmiera, Daugavpils y Riga. Cada distrito estaba supervisado por su propio comisionado (*Gebitskommissar*). La administración militar alemana (*Militärverwaltung*) organizó estructuras administrativas locales cuya tarea principal era abastecer a las unidades alemanas en guerra y hacer cumplir el orden. Las regiones de Letonia se dividieron en distritos y éstos en parroquias. El número de distritos y parroquias siguió siendo el mismo que antes de la ocupación alemana: 19 distritos y 516 parroquias. La policía, que dependía directamente de Heinrich Himmler, también tuvo una gran influencia en las zonas ocupadas. En el otoño de 1941, el general Friedrich Jekeln fue nombrado jefe de las SS y la policía en «Ostland», mientras que el *Oberführer* de las SS Walter Schröder fue el jefe de las SS y la policía en el área general de Letonia. El *SS Brigadeführer* Walter Stahlecker era el jefe del *Einsatzgruppe A* en Letonia. El *SS Obersturmbannführer* Rudolf Lange era el comandante de la Policía de Seguridad de Letonia y del SD. El Comisariado del Reich «Ostland» tenía 900 funcionarios alemanes y el Comisariado General de Letonia, 280; todos ellos en Riga. También existían en la capital letona instituciones de ocupación alemanas, como la oficina de propaganda, la oficina de representación de la sede económica «Ost», el equipo económico «Riga», las instituciones centrales del partido nazi en «Ostland» y otras organizaciones.

FRANZ VON ROQUES

ALFRED ROSENBERG

HINRICH LOHSE

OTTO H. DRECHSLER

FRIEDRICH JEKELN

WALTER SCHRÖDER

WALTER STAHLECKER

RUDOLF LANGE

nizar un servicio de policía auxiliar (*Hilfspolizei*) en la capital. Su identificación sería una cinta roja y blanca en el brazo izquierdo y una tarjeta de servicio. El coronel Voldemars Skaistlauks fue nombrado jefe de la policía auxiliar, y el teniente coronel Voldemars Veiss, jefe interino del servicio de policía. El 3 de julio de 1941, el coronel Aleksander Plensner, que había ejercido entre 1937 y 1940 la agregaduría militar letona en Berlín, recibió la orden de «asumir la dirección de las organizaciones nacionales de autodefensa en las zonas costeras de Letonia». Cuando Plensners llegó a Liepaja para hacerse cargo, las autoridades de ocupación alemanas reorganizaron las unidades partisanas en beneficio propio, colocando personal militar profesional al frente de las mismas. Las unidades de autodefensa letonas cumplieron las órdenes del mando del ejército alemán.

Arriba. Coronel Voldemars Skaistlauks. Fue nombrado jefe de la Policía Auxiliar de Riga en julio de 1941.

Abajo. Coronel Aleksanders Plensners. Asumió el mando efímero de las unidades de autodefensa.

A finales de julio de 1941, comenzaría a operar una policía auxiliar voluntaria (*Ordnungs-Hilfspolizei*) formada con la población local, cumpliendo una orden del SS *Brigadeführer* Stahlecker del 20 de julio anterior. Se organizaron unidades en cinco ciudades y condados de Letonia, alcanzando la cifra de 3929 hombres. La policía auxiliar de Riga –la más numerosa, con cerca de 1500 policías– ayudó al desarme de los partisanos letones que, en algunas zonas, desobedecieron la orden de entrega de dicho armamento a las autoridades germanas. La policía auxiliar también participó, junto a la policía de seguridad, en los enfrentamientos que tuvieron lugar contra bolcheviques locales y delincuentes. El teniente coronel Voldemars Veiss, pronto sería nombrado jefe de la Policía Auxiliar de Riga y el comandante Roberts Osis sería su ayudante.

Unos 500 voluntarios –de los casi 4000 operativos– integrados en cinco compañías, constituyeron una reserva de reclutas (*Rekrutierungreserve*) que

sería el origen de las posteriores unidades militares letonas.

En agosto de 1941 llegó a Riga el *SS Brigadeführer* Walter Schröder, nombrado jefe de las fuerzas de seguridad alemanas en Letonia, quien reestructuraría las unidades de policía auxiliar, integrándolas en el llamado «*Kommandeur der Ordnungspolizei Lettland*» (KDOL)

Estos policías auxiliares (*Schutzmann*) se dividieron en tres categorías. Los de categoría «A» desempeñaban funciones policiales en ciudades y parroquias. Este grupo tenía uniforme y se les pagaba por su servicio. Los policías de categoría «B» participaban en las acciones policiales, pero no tenían uniforme y llevaban una cinta verde con las palabras «*Schutzmann*» en el brazo izquierdo. La categoría «C» era la llamada reserva pasiva, que se convocaba en casos especiales.

Arriba. Coronel Voldemars Veiss. Se hizo cargo de la policía Auxiliar de Riga en agosto de 1941. Llegaría a ser jefe del 42º Regimiento de Granaderos SS de la 19 División (*Letitsche nº 2*). Fue el primer letón en ganar la Cruz de Caballero de la Cruz de Hierro en combate, durante la Segunda Guerra Mundial.

Abajo. Reconstrucción filmográfica para la película letona «Puika ir suni», de un policía auxiliar letón. Viste uniforme y casco del ejército leton de preguerra, y lo único que lo identifica es el brazalete en el que se lee en alemán y letón, que es el policía auxiliar nº 241.

Autogobierno de Letonia bajo la ocupación alemana

Para la optimización de la administración, poco después del establecimiento del régimen de ocupación en Letonia, los alemanes decidieron que la población local debería participar en la gobernación. Se estableció un autogobierno (con rango de dirección general), nombrando jefe al antiguo comandante de la división «*Kurzeme*», el general Oskars Dankers. La directiva de Rosenberg del 7 de marzo de 1942 especificó la administración de los distritos generales de Letonia, Lituania y Estonia y determinó que la administración más cercana debería ser realizada por instituciones establecidas

por los residentes locales. El máximo poder político y las funciones de control permanecieron en manos de las autoridades de ocupación. Éstas determinaron el número de directores generales y el alcance de sus tareas. El 9 de mayo de 1942, el Comisionado General de Letonia, Heinrich Drechsler, nombró a los siguientes directores generales: de asuntos internos, Oskars Dankers; de Agricultura y Ganadería, Voldemars Zagars; de Finanzas, Janis Skujevics; de Justicia, Alfreds Valdmanis; de Educación y Cultura, el Rector de la Universidad de Riga, profesor Martins Primanis; de seguridad interior, Voldemars Veiss; Técnico y de tráfico, Oskars Leimanis; jefe de asuntos de control del autogobierno, Peteris Vanags. En general, el autogobierno letón fue un elemento adicional de la administración civil de la ocupación alemana. Las cuestiones más importantes de carácter político y económico se decidían en las instituciones alemanas. El derecho de autogobierno estaba limitado no sólo por el Comisario del Reich y el Comisario General, sino también en gran medida por la policía alemana y la dirección de las SS, que actuaban de forma completamente independiente. Los tribunales locales sólo eran competentes para conocer de casos civiles y penales locales, y sólo si los acusados no eran de nacionalidad alemana y el delito no afectaba a los intereses del Estado alemán.

En diciembre de 1941, el responsable de seguridad en la retaguardia del Grupo de Ejércitos «Norte», el SS *Brigadeführer* Stahlecker, autorizaría la organización de varias «Direcciones Generales» que se asemejarían a los antiguos ministerios de Letonia. Esta autoadministración letona, operativa desde el primer momento, no sería reconocida oficialmente hasta marzo de 1944. Al mando de la misma estuvo un general del Ejército letón de preguerra: el antiguo comandante de la división «*Kurzeme*», Oskars Dankers.

Los batallones de Guardia del Orden («Schuma»)

Arriba. Letones de un batallón *Schuma* en el invierno de 1941, desarrollando acciones antipartisanas en el frente oriental. Los gorros son los característicos del ejército de Letonia anterior a la Segunda Guerra Mundial. Portan todos ellos armamento alemán.

Página siguiente, arriba (cuadro). Rudolfs Kocins, comandante del 16º Batallón «*Zemgale*», condecora a varios soldados del batallón, cuando éste ya se había integrado en la Brigada de Voluntarios SS de Letonia. Abril de 1943.

El 4 de septiembre de 1941 comenzó la formación del primer Batallón de la Reserva de la Policía Auxiliar, que a finales de octubre fue enviado al Frente Oriental a «combatir al comunismo», en el sector de Staraia-Russa al sur del Lago Ilmen, en el frente del Vóljov. Meses después coincidiría en este sector con los españoles de la División 250ª de la *Wehrmacht*: la «División Azul».

El ritmo de creación de batallones de voluntarios y las tareas que les eran asignadas, se incrementaron pues en estas fechas no faltaban voluntarios; muchos de ellos tuvieron que ser rechazados. En septiembre se constituyeron dos nuevos batallones y, el 6 de noviembre de 1941, Himmler ordenó que la policía auxiliar (*Ordnungs-Hilfspolizei*) se denominase Servicio de Guardia del Orden (*Schutzmannschaft*). Este servicio se dividió en dos grupos principales: uno, el más numeroso, realizaba funciones meramente policiales, mientras que otro grupo custodiaba objetivos importantes y luchaba contra los partisanos, tanto en Letonia como en otros lugares próximos.

A los tres batallones de Reserva de la Policía Auxiliar que se habían organizado hasta entonces, se les cambió la denominación el 6 de noviembre de 1941, pasando a ser «Batallones *Schuma*» (abreviatura de *Schutzmannschaft*), asignándoles un numeral y un nombre.

EL 16º BATALLÓN «SCHUMA» «ZEMGALE»

La unidad más antigua de policía letona, heredera del I Batallón de Reserva de la Policía Auxiliar —formado en julio de 1941–, fue el denominado 16º Batallón «Zemgale». A principios de julio de 1941, se creó una reserva de reclutamiento de voluntarios letones compuesta por unos 500 hombres; con ellos el teniente coronel Voldemars Veiss formó las primeras cuatro compañías letonas bajo mando alemán. El 28 de julio se nombró jefes de estas compañías a los capitanes letones Beisan (1ª com-

pañía), Brant (2ª compañía), Zakis (3ª compañía) y Rubenis (4ª compañía). Estas compañías letonas incluían 66 oficiales, 297 instructores y 130 soldados. Debido a la gran cantidad de voluntarios, se formaron siete compañías más y se recibió permiso para combinarlas en otros batallones. El 4 de septiembre, el teniente coronel Karlis Mangulis se puso al frente del I Batallón de Reserva de la Policía Auxiliar. Sólo aquellos que se ofrecieron como voluntarios para ir al frente fueron aceptados en este batallón. Los voluntarios sin entrenamiento fueron asignados a la 4.ª compañía. Los soldados del batallón vestían uniformes del Ejército letón sin insignias. El 22 de octubre, las tres primeras compañías del batallón desfilaron en Riga y partieron hacia el frente con 21 oficiales, 166 instructores y 283 soldados, armados con 493 fusiles, 40 fusiles ametralladores, seis ametralladoras y seis morteros. El 24 de octubre, el batallón llegó a Stolts, cerca del lago Ilmen, en la retaguardia del 16.º Ejército, y se dedicó a asegurar esta zona del frente, vigilando los ferrocarriles y a los prisioneros. Durante los primeros dos meses, los hombres del batallón recibieron el salario y los suministros de los soldados de la Wehrmacht; más tarde, cuando quedaron integrados en la policía del orden (Schuma), el sala-

rio disminuyó y los suministros empeoraron. El 12 de diciembre el teniente coronel Mangulis dejó su puesto por desavenencias con el oficial de enlace alemán, siendo sustituido al mando del batallón por el comandante Rudolfs Kocins. El 6 de enero de 1942, el batallón comenzó a utilizar el nombre de 16º Batallón de Policía «Zemgale» y se recibió permiso para llevar el «sol de Letonia» en la gorra del uniforme. En el distrito de Dno-Stolci-Staraia Russa, las compañías estaban muy dispersas; a veces la distancia entre ellas llegaba a 100 km. Entre el 8 de enero y el 6 de febrero de 1942, este batallón intervino en la defensa de la estratégica ciudad de Staraia-Russa, junto al 174º Regimiento de la 81ª División y la Compañía de Esquiadores de la 250ª División Azul española. Fue la primera vez en la historia que españoles y letones combatían juntos. Volverían hacerlo en el cerco de Leningrado y en Berlín. El 22 de abril de 1942 el batallón recibió 106 hombres de refuerzo procedentes del 266ºE Batallón de Policía «Rezekne». El 18 de noviembre, el 267º Batallón «Rezna», al mando del teniente coronel Bebra, reemplazó a este batallón en el frente. En la Navidad de 1942, alrededor del 80% del batallón fue enviado a Letonia a descansar. El 3 de febrero de 1943, el batallón se dirigió al frente en Krasnoie Selo, en el cerco de Leningrado, a donde llegó el 8 de febrero, recibiendo un refuerzo de 81 hombres del 276º Batallón «*Kuldiga*», y nuevo armamento. Ese mismo día, el batallón se convirtió en la «*3.Lettische Legion*» del 1º Regimiento de Infantería de Letonia, integrado en la Brigada de Voluntarios de las

SS de Letonia. Un soldado de la División Azul, Ángel Aybar, escribió este texto referido a los letones: «*...Nos ayudaron también unos voluntarios letones; junto a ellos te sentías seguro. Nos entendíamos sin necesidad de conocer los respectivos idiomas. Luchábamos contra el mismo enemigo. Estaban mejor preparados que nosotros para combatir a los esquiadores siberianos...*»

El 21º Batallón de Policía «*Schuma*» recien organizado en Liepaja, es revistado por las autoridades alemanas. Tropa y oficiales llevan uniformes del Ejército letón.

El primero sería bautizado como 16º Batallón «*Zemgale*», y los otros dos como 18º Batallón «*Kurzeme*» y 20º Batallón «*Riga*». Antes de finalizar el año, el 21 de diciembre de 1941, se organizaron otros dos batallones *Schuma*, a los que se denominaría 17º Batallón «*Vidzeme*» y 19º Batallón «*Latgale*».

BATALLONES «SCHUMA» LETONES EL 31 DE DICIEMBRE DE 1941

Batallón «Schuma»	Creado	Disuelto	Transformado en
16º Batallón «*Zemgale*»	julio 1941	8-2-1943	III Bon. 1º Reg. Legión Letona
17º Batallón «*Vidzeme*»	21-12-1941	mayo 1943	25º Batallón de Policía «*Abava*»
18º Batallón «*Kurzeme*»	4-9-1941	1-6-1943	II Bon. 2º Reg. Legión Letona
19º Batallón «*Latgale*»	16-12-1941	8-2-1943	II Bon. 1º Reg. Legión Letona
20ºE Batallón «*Riga*»	4-9-1941	19-11-1944	IV Bon. 1º Reg. Polic. Voluntaria

OTROS BATALLONES «SCHUMA» FORMADOS EN 1941

• **El 17º Batallón** «*Vidzeme*» fue organizado el 21 de diciembre de 1941 en Riga por el capitán Alfons Skrauja con tres compañías. El 28 de diciembre fue enviado a la localidad de Lepiel (Bielorrusia) para su entrenamiento. El batallón estuvo combatiendo contra los partisanos al sur de Lepiel hasta mayo de 1942. En estas fechas fue trasladado a Dnipropetrovsk (Ucrania), al sureste de Kiev. Allí estuvo en misiones de guardia y apoyo hasta mayo de 1943, fecha en la que el batallón fue adscrito al 25º Batallón de Policía «*Abava*».

• **El 18º Batallón** «*Kurzeme*» se formó el 4 de septiembre de 1941, siendo su primer comandante el capitán Karlis Bems. Dispuso inicialmente de tres compañías, y más tarde se incorporó una cuarta. Esta unidad estuvo ejerciendo labores antipartisanas en Rusia, Bielorrusia y Polonia, de protección de otras unidades propias y de vigilancia y control de vias férreas. A finales de agosto de 1942, el batallón se movilizó para una campaña antipartisana conocida como «*Sumpffieber*». El 18 de agosto, el batallón fue enviado al gueto de Slonim, donde participó en la lucha contra los partisanos junto con unidades de autodefensa bielorrusas. En mayo de 1943 regresó a Riga y el 1 de junio, se convirtió en el II Batallón del 2º Regimiento de Infantería de Letonia, de la Brigada de Voluntarios de las SS de Letonia. En marzo de 1961 se juzgó en la URSS a nueve soldados del batallón por participar en los asesinatos de partisanos y civiles en Letonia, Rusia y Bielorrusia y por la liquidación del gueto de Slonim. Cinco mandos fueron ejecutados y cuatro soldados condenados a 15 años de trabajos forzados.

• **El 19º Batallón** «*Latgale*» fue creado por el capitán Karlis Porietis en 16 de diciembre de 1941 en Riga. Hasta principios de mayo, el batallón ejerció labores de entrenamiento y vigilancia de la ciudad de Riga. El 12 de mayo de 1942 partió al frente suroeste de Leningrado, a la aldea de Kasnoie Selo, donde estuvo hasta mediados de julio entrenándose y familiarizándose con la zona. El 20 de julio fue su bautismo de fuego en una ruptura enemiga, que consiguió parar con otras unidades anejas. El 7 de agosto el comandante del batallón fue arrestado por actividades antialemanas, tomando el mando del mismo el oficial de enlace alemán. El batallón pasó todo el invierno de 1942 en el sector de Puchkin. El 8 de febrero de 1943, sería integrado como «*2.Lettische Legion*» del 1º Regimiento de Infantería de Letonia, integrado en la Brigada de Voluntarios de las SS de Letonia.

• **El 20ºE Batallón** «*Riga*» se organizó en la capital letona el 4 de septiembre de 1941 con cuatro compañías de voluntarios, al mando del capitán Karlis Porietis. Este batallón permanecería en Riga durante toda su existencia. Su misión principal fue la vigilancia del puerto, los puentes sobre el río Daugava y varios almacenes. En junio de 1942 el batallón se reforzó con otras dos compañías. Sus miembros no eran aptos para combatir en el frente. En octubre de 1944 el batallón se dirigió a Liepaja, perdiendo la tercera parte de sus hombres, que volvieron a sus casas o se unieron a los «Kurelianos». Lo que quedaba del batallón —excepto la 5ª Compañía— embarcó en dirección a Danzig, a donde llegó el 26 de octubre. La 5ª Compañía participó en las batallas de la Bolsa de Curlandia. El 19 de noviembre de 1944, se integró como IV Batallón del 1º Regimiento de Policía Voluntaria de Letonia.

A finales de 1941, el teniente coronel Volde-mars Veiss fue nombrado subdirector de Interior en el autogobierno letón, donde organizaría dos departamentos que gestionarían las fuerzas de seguridad: el Departamento de Administración –responsable de las fuerzas de policía (*Schutz-mannschaft Einzeldienst*)– y el Departamento de Operaciones –responsable de las fuerzas operati-vas (*Schutzmannschaft in Geschlossenen*), denomi-nados por su abreviatura, batallones *Schuma*–.

El responsable de la organización de nuevos batallones «*Schuma*» fue el teniente coronel Ro-berts Osis (antiguo ayudante de Voldemars Veiss en julio de 1941), dirigiendo el denominado «*Kommando der Schuma*», subordinado al KDOL.

Los cinco batallones *Schuma* organizados en el segundo semestre de 1941, fueron los primeros de los casi cincuenta que se formaron en Letonia hasta julio de 1944. Cada uno de los batallones tenía una plantilla teórica de 500 hombres, agru-pados en cuatro compañías, aunque la realidad siempre fue por otros derroteros, pues la falta de voluntarios a medida que avanzaba el conflicto –con resultados negativos para Alemania–, las bajas en combate e, incluso, las deserciones, hicieron que algunos de los ba-tallones formados no fuesen más que una compañía reforzada.

Soldado letón del Batallón *Schuma* 21º, creado en Liepaja el 25 de febrero de 1942 por el teniente coro-nel letón Teodors Rutulis, con voluntarios de la re-gión de Curlandia. Viste uniforme y divisas letonas y casco de modelo che-coslovaco, con el emblema de la policía alemana en su parte izquierda.

Cada batallón tenía también personal militar alemán (oficiales y suboficiales de enlace, traductores o personal técnico) y la uni-formidad y el armamento variaban mucho entre ellos, dependiendo del momento y el lugar en el que se creara el batallón, y de las disponibilidades de vestuario y material.

Se llegaron a organizar varios tipos de batallones «*Schuma*», dependiendo de diversos factores en el momento de su constitución y del empleo de dichas unidades:

• «*Schuma-Frontbataillonen*»: Caracterizados con la letra «F», eran las unidades que se emplearon para enviar a los frentes y combatir contra los partisanos o, incluso, contra el Ejército Rojo.

• «*Schuma-Wachtbataillonen*»: Caracterizadas con la letra «W», eran unidades policiales de guarnición.

●«*Schuma-Ersatzbataillonen*»: A los que se aplicaba la letra «E». Eran unidades de instrucción y depósito.

●«*Schuma-Baupionerbataillonen*»: Eran unidades dedicadas a la construcción de defensas militares en los frentes. Se las caracterizaba por la letra «B».

Arriba. Desfile por las calles de la ciudad de Liepaja de los soldados del 24° Batallón de Policía «*Talsi*». Llevan cascos de origen checoslovaco, suministrados por el ejército alemán.

Formación de batallones «*Schuma*» letones en 1942

En el año 1942 se pusieron en orden de combate 21 batallones de seguridad –*Schuma*–, casi la mitad de todos los creados en Letonia durante la guerra. En febrero de 1942 se organizaron cuatro batallones (21°, 22°, 23° y 28°); en marzo, ocho (24°, 25°, 26°, 27°, 16°E, 17°E, 18°E y 19°E); en los meses de mayo y junio salió un batallón cada mes –20°E y 271°–. En julio y en octubre se crearon dos batallones cada mes –272°, 273° y 274°, 275°–, y en diciembre de 1942, los tres últimos de ese año –batallones 276°, 277° y 278°–.

Batallones «Schuma» letones creados en 1942

Batallón «Schuma»	Creado	Disuelto	Transformado en
21º Batallón «Liepaja»	25-2-1942	8-2-1943	I Bon. 1º Reg. Legión Letona
22º Batallón «Daugava»	25-2-1942	7-1-1944	I Bon. 2º Reg. Policía Voluntaria
23º Batallón «Gauja»	25-2-1942	8-5-1945	Bolsa Curlandia
24º Batallón «Talsi»	1-3-1942	8-2-1943	I Bon. 2º Reg. Legión Letona
25º Batallón «Abava»	6-3-1942	7-2-1944	II Bon. 2º Reg. Policía Voluntaria
26º Batallón «Tukuma»	26-3-1942	19-4-1943	III Bon. 2º Reg. Legión Letona
27º Batallón «Burtnieku»	Marzo-1942	Febrero-1943	Disuelto[1]
28º Batallón «Barta»	Febrero-1942	15-7-1943	III Bon. 34º Reg. Granaderos SS
16ºE Batallón «Rezekne»	21-3-1942	18-5-1942	266ºE Batallón «Rezekne»
17ºE Batallón «Rezna»	Marzo-1942	18-5-1942	267º Batallón «Rezna»
18ºE Batallón «Erglu»	16-3-1942	18-5-1942	268ºE Batallón «Erglu»
19ºE Batallón[2]	18-3-1942	18-5-1942	269ºW Bon. Guardia Fronteras
20ºE Batallón	9-5-1942	18-5-1942	270º Batallón de Zapadores[3]
271º Batallón «Aizpute»	9-6-1942	23-1-1943	279º Batallón «Aizpute»[4]
272º Batallón «Daugavgriva»	1-7-1942	Febrero-1943	Pasa a Legión Letona
273º Batallón «Ludza»	Julio-1942	15-7-1943	Integrado 276º Batallón
274º Batallón[5]	1-10-1942	Septiembre-1944	Disuelto
275º Batallón[6]	16-10-1942	7-12-1942	Integrado 276º Batallón
276º Batallón «Kuldiga»	7-12-1942	11-8-1943	IV Bon. 1º Reg. Policía Volunt.
277º Batallón «Sigulda»[7]	7-12-1942	11-8-1943	I Bon. 1º Reg. Policía Voluntaria
278º Batallón «Dobele»	7-12-1942	11-8-1943	II Bon. 1º Reg. Policía Voluntaria

1.- El 20 de febrero de 1942, un sargento del batallón, borracho, disparó al jefe de la unidad, teniente coronel Karlis Sievert, tras lo cual, se dispuso la disolución del mismo, pasando los hombres con capacidad de combate al 23º Batallón «Gauja».

2.- Se transformó en 269ºW Batallón de Guardia de Fronteras bajo mando directo alemán.

3.- El 18 de marzo de 1943 este batallón pasó a denominarse Ost-Pionier-Bataillon 672, integrándose en septiembre en la 281º División alemana. Terminó sus días en la Bolsa de Curlandia.

4.- El 15 de julio de 1943, el 279º Batallón «Aizpute» se integró en el 278º Batallón «Dobele».

5.- Se organizó el 1 de octubre de 1942 en Varsovia a partir de la 1ª Compañía del 272º Batallón «Daugavgriva».

6.- Se organizó el 16 de octubre de 1942 con tropa de una compañía del 266º Batallón «Rezekne». El 7 de diciembre de 1942 fue integrado en el 276º Batallón «Kuldiga». Se volvió a crear el 25 de enero de 1943.

7.- Se creó el 7 de diciembre de 1942 en Riga, con personal del 20ºE Batallón «Riga» y empleados de las comisarías de la capital letona.

Página anterior, abajo. Parada a las afueras de la ciudad de Liepaja del 28º Batallón de Policía «Barta», en junio de 1942. Los uniformes que visten son letones de antes de la guerra.

A finales de mayo de 1942, los cinco batallones de depósito organizados entre marzo y ese mismo mes de mayo, y numerados entre el 16E y el 20 E, fueron reconvertidos en batallones de combate –«F»– , de depósito –«E»– y de guarnición –«W»–y renumerados correlativamente desde el 266º al 270º, siendo este último, curiosamente, un batallón de zapadores.

Alguno de los batallones formados en 1942 fueron enviados directamente al frente, como ocurrió con el 21º Batallón «Liepaja»,

formado en esta ciudad de Curlandia por el teniente coronel Teodors Rutulis el 25 de febrero de 1942. Marchó al frente de Leningrado el 30 de marzo y hasta los primeros días de julio estuvo en la zona realizando ejercicios de combate y reforzando la integración de sus miembros. Su armamento era una mezcla de armas alemanas, rusas, checas y francesas, y su uniformidad, letona con cascos checos. A principios de julio todo el batallón estaba en línea al completo, sin ninguna unidad de reserva. Este batallón compartía frente con el 19º Batallón «Latgale». Los combates fueron muy duros y los soviéticos lograron romper el frente el 20 de julio de 1942, por lo que los letones y un batallón de policía alemán (el 115º) fueron asignados a tapar la brecha.

Arriba. Desfile del 24.º Batallón «*Talsi*» en Liepāja, en junio de 1942, antes de partir hacia Bielorrusia.

Abajo. Los hombres del 22.º Batallón de Policía «*Daugava*» (izquierda de la imagen), con el apoyo de la policía auxiliar judía (a la derecha, con gorras de plato), preparan a los prisioneros para su convoy en Varsovia en septiembre de 1942.

El batallón se cubriría de gloria en esta acción, con casi 200 bajas, de las cuales 35 fueron muertos, 135 heridos y 20 desaparecidos, resultando la 2ª Compañía la más afectada, pues al final de los combates sólo seis de sus hombres resultaron ilesos. La falta de refuerzos pasaría factura al 21º Batallón, que en diciembre de 1942 sólo disponía de 100 hombres en condiciones de combatir. En enero de 1943 se trasladó a Letonia para su reorganización y en febrero, fue integrado en el 1º Regimiento de

Infantería de la Brigada de Voluntarios de las SS de Letonia, como «1.*Lettische Legion*».

Otros batallones, como el 24º «*Talsi*», el 25º «*Abava*», el 26º «*Tukuma*», el 27º «*Burtnieku*» o el 28º «*Barta*», fueron asignados a la lucha antipartisana, desenvolviéndose el 24º y el 26º en Bielorrusia, y el 25º, el 27º y el 28º en Ucrania. El 24º «*Talsi*» acabaría el año 1942 en el frente de Leningrado, luchando contra el Ejército Rojo.

Abajo. Comandantes de los ocho primeros batallones *Schuma* letones formados en 1942. Todos ellos fueron «batallones de frente» «F», dedicados a la lucha antipartisana o a combatir en el frente del Este al Ejército Rojo.

El 22º Batallón «*Daugava*», creado en Riga el 25 de febrero de 1942 por el teniente coronel Karlis Gerbers, comenzó su vida operativa en misiones de guardia en la capital letona hasta mediados de julio, fecha en la que sería enviado a Varsovia (Polonia), de vigilancia en el exterior del Gueto y de los convoyes desde el Gueto hasta el campo de concentración de Treblinka. En octubre, el batallón fue trasladado al sur de Ucrania como fuerza de protección de campos de prisioneros y de una mina de carbón.

TEODORS RUTULIS
21º BATALLÓN «SCHUMA»
«*LIEPAJA*»

KARLIS GERBERS
22º BATALLÓN «SCHUMA»
«*DAUGAVA*»

KRISTAPS BRIGADERS
23º BATALLÓN «SCHUMA»
«*GAUJA*»

ALFREDS VEVERIS
24º BATALLÓN «SCHUMA»
«*TALSI*»

KARLIS PLIKAUSIS
25º BATALLÓN «SCHUMA»
«*ABAVA*»

ALFREDS GREDZENS
26º BATALLÓN «SCHUMA»
«*TUKUMA*»

ALFREDS ZIVERTS
27º BATALLÓN «SCHUMA»
«*BURTKIEKU*»

ANTONS GRAMATINS
28º BATALLÓN «SCHUMA»
«*BARTA*»

Tras el desastre de Stalingrado, el batallón fue desplegado en defensa de las tropas italianas y rumanas en retirada, enfrentándose a unidades de caballería soviética. Debido a las elevadas pérdidas, el batallón redujo sus compañías a tres y se dedicó a tareas de vigilancia y construcción de búnkers hasta el mes de agosto de 1943. El batallón volvería a Polonia a finales de ese mismo mes, donde participó en acciones contra los partisanos.

A finales de 1943, junto al 25º Batallón «*Abava*», regresó a Riga. En enero de 1944, se integraría en el denominado Regimiento de Policía Voluntaria de Letonia nº 2 –como II Batallón–, en la ciudad de Liepaja.

Arriba. Liepaja (Curlandia), junio de 1942. Las tropas del 24º Batallón *Schuma* letón van a desfilar delante de la oficialidad alemana que preside el acto.

Abajo. Soldados letones del 23º Batallón de Policía «*Gauja*» en Ucrania en 1943.

Por otra parte el 23º Batallón «*Gauja*», creado en Bolderaja (Riga) el 25 de febrero de 1942 por el capitán Kristaps Brigaders, fue enviado a Ucrania a mediados de mayo, con el fin de vigilar a los trabajadores locales que realizaban importantes obras en carreteras y puentes de la zona, en dirección a Rostov. Más tarde pasaría a la zona de Zaporiya (de actualidad por la guerra de Ucrania), para supervisar la construcción de zanjas antitanques y bunkers.

A mediados de 1943 el batallón fue evacuado a través de Rumanía, llegando a la región de Brest (Bielorrusia) para combatir a los partisanos. En este cometido el batallón sufrió muchas bajas, disponiendo en enero de 1944 únicamente de 140 hombres, con lo que su operatividad se vio muy mermada. En marzo fue enviado a Riga para reconstituirse.

Una vez reorganizado, en abril fue enviado a la región de Abrene (Letonia) para luchar contra los partisanos de la zona. En julio fue agregado a la 215ª División de Infantería alemana, participando en varias batallas defensivas

Teniente coronel Osvalds Meija.

LOS BATALLONES «ERSATZ» DE MARZO DE 1942

• **El 16ºE Batallón «*Rezekne*»** fue creado el 21 de marzo de 1942 en Riga por el teniente coronel Osvalds Meija como unidad de reserva y entrenamiento para todas las unidades letonas. El 18 de mayo pasó a denominarse Batallón 266E. En estas fechas formó una compañía de sanidad y en julio, incorporaría una banda de música. En agosto de 1942 envió la 1ª y la 2ª compañías a Minsk, donde se formaría el 271º Batallón «*Valmiera*» con tropas de la 2ª Compañía. Fueron unos 3000 los letones que sirvieron en este batallón a lo largo de la guerra, lo que explica el alto índice de rotación y su función como unidad de reserva. En octubre de 1944, estaba previsto que el batallón se uniera a la 15ª División SS, pero al final esto no tuvo lugar, y se incorporó al 1º Regimiento de Policía Voluntaria de Letonia, donde terminó la guerra..

• **El 17ºE Batallón «*Rezna*»** se formó en Kraslava (frontera letona con Bielorrusia) el mismo día que el anterior, con voluntarios de la región de Latgalia, al mando del teniente coronel Nicolajs Bebris, transformándose en el Batallón 267 en mayo de ese año. Desde septiembre de 1942 participó en los combates contra los saboteadores soviéticos y los partisanos en la región, encuadrado en la 35ª División de Policía germana y la 34ª División de Infantería de la *Wehrmacht*. En julio de 1943 fue en-

viado a Letonia y desde octubre actuó en defensa de la costa de Ventspils (Curlandia) hasta mayo de 1945, que se rindió a los soviéticos.

• **El 18ºE Batallón «*Erglu*»** fue creado por el capitán Lagzdins el 16 de marzo de 1942 en Liepaja como unidad de entrenamiento y depósito. El 18 de mayo pasó a denominarse Batallón 268E. El 3 de julio partió en dirección a Minsk (Bielorrusia), continuando hacia Gomel y Dnipropetrovsk, una de las ciudades más pobladas de Ucrania oriental. Tras un período prolongado de instrucción, el batallón marchó al Donbass, donde realizó tareas de guardia y traslado de prisioneros hacia el oeste, por el agravamiento de la situación en el frente. En el otoño de 1943, el batallón se fue retirando hacia Polonia a lo largo del Dnieper a medida que avanzaban los soviéticos. En enero de 1944 volvió a Riga y en febrero fue disuelto, integrándose la mayoría de su personal en el 2º Regimiento de Policía Voluntaria.

• **El 19ºE Batallón «*Riga*»** se organizó en la capital letona el 18 de marzo de 1942 con guardias fronterizos auxiliares letones. El 18 de mayo se transformó en 269W Batallón de Guardia de Fronteras. Estuvo siempre a las órdenes de las autoridades alemanas en lugares de la costa. Terminó la guerra con la rendición de la Bolsa de Curlandia.

en la ciudad de Bauska (región de Semigalia, en Letonia). El batallón, con grandes pérdidas, logró escapar y dirigirse hacia el noroeste, donde se uniría al VI Cuerpo de Ejército SS y se retiraría hacia la región de Curlandia, donde participaría en las batallas de la bolsa hasta mayo de 1945, fecha en la que se rendiría a los soviéticos.

En marzo de 1942 se organizaron cuatro batallones *Schuma*, todos ellos de entrenamiento y depósito («E»), aunque sólo dos meses después, en mayo, fueron reconvertidos y cambiaron sus numerales: el 16ºE pasó a ser el 266ºE; el 17ºE pasó a numerase 267ºF, el 18ºE sería renumerado 268ºE y por último, el 19ºE pasaría a ser el 269ºW.

En la primavera y el verano de 1942 se siguieron organizando batallones «*Schuma*» letones: el 9 de mayo sería el 20ºE «*Abrene*», que sólo duraría 10 días, pues el día 19 se reconvertiría –igual que los cuatro anteriores– en el 270ºE. En junio se organizaría el Batallón 271º y el julio los batallones 272º y 273º.

El Batallón 20ºE «*Abrene*» fue creado por el capitán Peteris Saulitis el 9 de mayo de 1922 en Abrene (norte de la región de Latgalia), convirtiéndose días después en el 270º Batallón de Zapadores –caso único entre los batallones *Schuma* letones–. Curiosamente, este batallón no sólo construyó puentes, vías de comunicación –carreteras y ferrocarriles– y búnkers, sino que también combatió contra los partisanos. En marzo de 1943, la unidad volvería a cambiar su denominación, siendo a partir de aquella fecha, 672º Batallón de Zapadores del Este, pasando a depender en septiembre de la 281ª División de Infantería alemana. Este batallón terminaría la guerra en la Bolsa de Curlandia, subordinado al VI Cuerpo de Ejército SS letón.

Página siguiente, arriba. El 26º Batallón «*Tukuma*» está a punto de embarcar en tren con destino a Bielorrusia. Llevan uniformes letones y cascos checos, como muchos otros batallones letones. La bandera de Letonia, con el sol y las tres estrellas representando a las tres regiones, está acompañada por la bandera del Tercer Reich.

Abajo. Inauguración del puente construido por el 270º Batallón de Zapadores letón «*Abrene*». Esta unidad, además de las labores propias de construcción, también participó en operación de lucha antipartisana.

Hay que tener cuidado con la identificación del siguiente batallón letón –constituido en junio de 1942– pues su numeral –el 271– se va a repetir en otra unidad de las mismas características, organizada en enero del año siguiente: se trata de los batallones 271º «*Aizpute*» y 271º «*Valmiera*».

El Batallón 271º «*Aizpute*» fue formado en Liepaja el 9 de junio de 1942 por el teniente coronel Janis

Baltakmenis con ex-soldados del ejército letón, procedentes todos ellos de la región de Curlandia. El 11 de septiembre de 1942 la unidad al completo fue trasladada a Aluksne (noreste de Letonia), a combatir contra un grupo de partisanos que habían sido lanzados en paracaídas en la zona por los soviéticos. El 23 de enero de 1943 esta unidad cambió su denominación, pasando a ser desde esa fecha el 279º Batallón «*Aizpute*», continuando su lucha antipartisana. El 15 de julio de 1943, el batallón se integró en el 278º Batallón «*Dobele*», desapareciendo de la orgánica de los batallones «*Schuma*» letones.

El 1 de julio de 1942, el teniente coronel Karlis Mangulis constituía en Riga el Batallón 272º «*Daugavgriva*». Antes de terminar el mes, la unidad partió en dirección a Varsovia –junto al Batallón 22º «*Daugava*»–, ambos con la misión de vigilancia del Gueto. El 1 de octubre, la 1ª Compañía del batallón se separaba del mismo, organizando con ella el denominado Batallón 274º. El resto de la unidad –muy mermada en hombres– se desplazaría a Dnipropetrovsk (Ucrania) para luchar contra los partisanos. En febrero de 1943 este batallón sería integrado en la Legión Letona.

KARLIS MANGULIS

Participó en la la Guerra de Independencia de Letonia, sirviendo en la 1.ª Brigada Independiente, y en el 9º Regimiento de Infantería de Rezekne. Tras la ocupación soviética de Letonia, continuó en el ejército, ascendiendo a teniente coronel. En septiembre de 1940 se le destinó como 2º jefe de la Sección Operativa de la 183ª División hasta junio de 1941. En septiembre de 1941, Mangulis organizó la formación del 1º Batallón de Servicio de Orden (más tarde, el 16º Batallón de Policía «*Zemgale*») con voluntarios letones, convirtiéndose en el primer comandante del batallón. El 1 de julio de 1942, formó el 272º Batallón «*Daugavgriva*». A partir del 21 de octubre de 1942, desempeñó funciones oficiales en la sede de las unidades *Schuma* de Letonia. Refugiado en Alemania después de la Segunda Guerra Mundial, en 1947 Mangulis se mudó al Reino Unido con su esposa. Murió en Nottingham en 1959.

También a primeros de julio de 1942, el capitán Erichs Ezernieks organizaba en la localidad fronteriza de Ludza (Latgalia), el Batallón 273º «*Ludza*». Poco después de su constitución marchaba a Bielorrusia y participaba en acciones antipartisanas a gran escala, aunque no tardaría mucho en regresar a la frontera letona para desarrollar misiones de guardia y vigilancia. En febrero de 1943 tomó parte en otra importante operación contra los partisanos en la zona de Osveya, denominada «*Winterzauber*» –Fuego de Invierno–. El 15 de julio de 1943 este batallón se integraba en el 276º Batallón «*Kuldiga*».

En octubre de 1942 se organizarían dos batallones letones, el 274º –como ya vimos, a partir de la 1ª Compañía del 272º «*Daugazgriva*»– y el 275º –con soldados aptos para el combate del 266º «*Rezekne*»–. El

274º, siempre escaso de personal, combatiría a los partisanos en Bielorrusia y terminaría sus días en Riga, siendo disuelto en septiembre de 1944. El Batallón 275º, también escaso de personal, no llegaría a combatir como tal, integrándose el 7 de diciembre de 1942 en el Batallón 276º «*Kuldiga*».

Los tres últimos batallones letones creados en 1942, los llamados 276º «*Kuldiga*», 277º «*Sigulda*» y 278º «*Dobele*», nacerían el mismo día: el 7 de diciembre. Los tres realizaron labores de lucha antipartisana, participando en la gran operación de castigo «*Winterzauber*» entre febrero y marzo de 1943, con tropas de la SD alemana. En agosto de 1943 los tres batallones se integrarían en el llamado 1º Regimiento de Policía Voluntaria de Letonia.

OPERACIÓN «WINTERZAUBER»

La operación «Magia de Invierno», llevada a cabo entre el 4 de febrero y el 2 de abril de 1943, tuvo como objetivo crear una zona despoblada de entre 30 y 40 kilómetros, a lo largo de la frontera de Letonia con Bielorrusia, para privar a los partisanos de sus recursos y puntos de apoyo en la zona. La operación estuvo a cargo del *SS-Obergruppenführer* Friedrich Jeckeln y las unidades involucradas se dividieron en tres grupos: el del *Oberst* Knecht, el del *General der Polizei* Schröder y el del *Major der Polizei* Isserstedt. Simultánea a esta operación tuvo lugar otra denominada «*Schneehase*» desde el este, para destruir a las fuerzas partisanas en los distritos de Osvey-Sebezh. En el Grupo «Knecht» se encuadraron los batallones letones 279º «*Aizpute*», 276º «*Kuldiga*», 277º «*Sigulda*», 278º «*Dobele*», y 282º «*Venta*» –este último formado en marzo de 1943–, además de otras unidades alemanas. En el Grupo «Schroeder» combatieron los batallones letones 273º «*Ludza*», 280º «*Bolderaja*» y 281º «*Abrene*», además de unidades de policía ucraniana, lituana y alemana. sumando unos 4200 hombres. En el Grupo «Isserstedt», formado con la operación empezada, no se integró ninguna unidad letona. El bando partisano operaba con tres grupos de brigadas: en el Norte tenía seis brigadas; en el Sur tres brigadas más, y de forma independiente actuaban otras tres brigadas. En la operación se destruyeron varios centenares de aldeas, privando así a miles de partisanos rusos, bielorrusos e incluso letones, de cobertura, cobijo, alimentación y operatividad. Al final se conseguiría una franja despoblada de unos 15 kilómetros. Las fuentes alemanas cifraron que durante la operación murieron 3904 civiles y 7465 fueron llevados a varios campos de trabajo, aunque estudios posteriores hayan ampliado estas cifras. También se requisaron numerosas cabezas de ganado vacuno, equino, porcino y ovino. En los enfrentamientos murieron alrededor de 200 partisanos y 30 soldados de los atacantes, de los cuales 19 eran letones de los batallones «*Dobele*» y «*Abrene*».

Arriba. Soldados del 321° Batallón de Policía en el distrito de Osveya. Tienen armas automáticas de origen ruso PPSH.

Abajo. Teniente coronel Roberts Osis y su ayudante. Visten uniforme de la policía alemana en el verano de 1944. Fue el segundo jefe de la Policía Auxiliar letona en Riga, con Voldemars Veiss, y más tarde, encargado de la formación de nuevos batallones Schuma.

Los batallones «*Schuma*» en 1943

Pese al gran aporte de soldados letones a la causa alemana durante el año 1942, la administración teutona seguía siendo remisa a conceder a Letonia otro estatus que el de país ocupado, con graves consecuencias para sus soldados encuadrados en unidades germanas si éstos eran cogidos prisioneros por los soviéticos. Los rusos podían aplicarles directamente el agravante de colaboración con el enemigo ya que Letonia –como las otras dos repúblicas bálticas– había formado parte de la URSS desde 1940 y sus nacionales tenían la consideración de ciudadanos soviéticos.

Lo cierto es que a finales de 1942 escaseaban los voluntarios para reponer bajas y para formar nuevos batallones de seguridad letones. pese a ello, la actividad de los organizadores militares letones no decayó, y el teniente coronel Osis seguiría levantando batallones *Schuma* hasta mayo de 1943, fecha en la que todas estas unidades fueron rebautizadas como «*Polizei-Bataillons*» –Batallones de Policía–, recibiendo a partir de aquel momento la uniformidad de las unidades de policía alemana combatiente.

Batallones «Schuma» letones creados en 1943

Batallón «Schuma»	Creado	Disuelto	Transformado en
279º Batallón «*Cesis*»	4-1-1943	25-1-1943	Disuelto [1]
271º Batallón «*Valmiera*»[2]	15-1-1943	19-10-1944	43º Reg. Granaderos SS
275º Batallón[3]	25-1-1943	Febrero-1943	II Brigada SS letona
280º Batallón «*Bolderaja*»[4]	23-1-1943	9-4-1943	Disuelto
281º Batallón «*Abrene*»[5]	23-1-1943	9-4-1943	Disuelto
282º Batallón «*Venta*»[6]	5-3-1943	15-7-1943	Integrado en el 277º Bón.

1.- Su personal se repartió entre los batallones 271º, 275º, 276º y 278º.

2.- Se organizó el 15 de enero de 1943 a partir de la 1ª Compañía del Batallón 266ºE «*Rezekne*» y cuadros del Batallón 271º «*Aizpute*».

3.- Se había organizado en octubre de 1942, integrándose en diciembre de ese mismo año en el Batallón 276º «*Kuldiga*». Se volvería a crear el 25 de enero de 1943.

4.- Se creó específicamente para la Operación «*Winterzauber*». Cuando esta terminó, se disolvió.

5.- Se creó específicamente para la Operación «*Winterzauber*». Cuando esta terminó, se disolvió.

6.- Se organizó el 5 de marzo de 1943 con los mandos del Batallón 266ºE «*Rezekne*» para la Operación «*Winterzauber*».

Un soldado letón con la guerrera de su propio ejército y casco de acero con el emblema de las SS. En febrero de 1943, cuando se organizó la 2ª Brigada SS letona, ocurrieron estas curiosas mezclas uniformológicas.

Como tales batallones *Schuma* sólo se organizaron en 1943 seis unidades más. El 279º Batallón «*Cesis*» fue una efímera unidad formada por el capitán Oskars Tiltins el 4 de enero de 1943 en las afueras de Riga. A los 20 días de su creación, el batallón se disolvió repartiendo su personal entre otros batallones.

También en enero se volverían a organizar dos batallones que ya habían existido antes; el 271º y el 275º, y que se volvían a crear. En esta ocasión, al batallón 271º lo bautizaron «*Valmiera*» –el anterior había sido «*Aizpute*»–, y recibió hombres de las compañías 1ª y 2ª del Batallón de Depósito 266ºE. Esta unidad fue enviada a Minsk (Bielorrusia), donde combatió a los partisanos y desarrolló misiones de vigilancia y protección de líneas ferroviarias. En julio de 1944 volvería a Letonia donde participó en varios combates contra el Ejército Rojo en la zona de Sigulda-Cesis (al este del país), retirándose el 19 de octubre a Curlandia e integrándose en el 43º Regimiento de Granaderos SS de la 19ª División letona.

El nuevo Batallón 275º se organizó el 25 de enero de 1943 con personal de la 3ª Compañía del Batallón 279º «*Cesis*» –del que acabamos de hablar–. Un mes después, en febrero de 1943, se incorporaba a la recién creada 2ª Brigada SS letona.

Los otros tres batallones *Schuma*, 280º «*Bolderaja*», 281º «*Abrene*» y 282º «*Venta*» se crearon especícamente para la operación «*Winterzauber*», de la que ya hemos hablado. Cuando se dio por terminada la operación, a finales de marzo de 1943, los dos primeros batallones citados regresaron a Riga y se disolvieron el 9 de abril. En dicha operación, los comandantes de ambos batallones fueron los tenientes coroneles letones Karlis Lobe (280º) y Voldemars Veiss (281º), ambos personajes muy importantes en las futuras unidades de las *Waffen SS* que veremos en el capítulo siguiente, y el segundo de ellos –Veiss–, el primer letón condecorado con la Cruz de Caballero de la Cruz de Hierro a lo largo de la Segunda Guerra Mundial.

El tercer batallón, el 282º «*Venta*», el último de los batallones específicamente *Schuma*, se organizó en Riga el 5 de marzo, el plena operación antipartisana «*Winterzauber*», para apoyar al resto de unidades involucradas en esta operación. Fue nombrado su jefe, el capitán Janis Zilvers, con el que salió la unidad de Riga el 13 de marzo. Finalizada la operación el día 21 de ese mismo mes, el batallón fue trasladado a Zilupe, en la frontera sureste letona con la URSS, para colaborar en el combate contra los partisanos de la zona. En julio de 1943 el batallón fue disuelto, integrándose su personal en el Batallón 277º «*Sigulda*».

Arriba. El comandante del 281.º Batallón «*Abrene*», el teniente coronel Voldemars Veiss, observa con sus prismáticos el desarrollo del combate durante la operación «*Winterzauber*», en febrero de 1943. Detrás de él se observan unas isbas de una aldea bielorrusa ardiendo.

Abajo. Integrantes del Batallón 273.º «*Ludza*». En julio de 1943 se integraría en Batallón 276º «*Kuldiga*»

Los Batallones de Policía en 1943 y 1944

A partir de mayo de 1943, los batallones *Schuma* que todavía quedaban operativos y todos los creados a partir de entonces, fueron renombrados como «*Polizei-Bataillon*», con funciones muy similares a las que habían venido desempeñando hasta aquel momento. Hasta que terminó el año 1943 se crearon nueve batallones y en 1944 otros ocho más.

En mayo de 1943 se pusieron en marcha los batallones 280ºA y 281ºA de muy efímera existencia. El primero de ellos, creado en Valmiera, fue empleado en labores de vigilancia de la línea de ferrocarril Valka-Meitena. El 1 de julio se reformó y el 31 de ese mes pasó a denominarse Batallón de Policía 311ºW, aunque el 2 de agosto se disolvió. El segundo de ellos, el 281ºA –creado en Daugavpils–, fue enviado a Vilna (Lituania) el 15 de mayo sin entrenamiento previo, haciéndose cargo de la vigilancia del ferrocarril. El 4 de julio regresó a Letonia y el 29 se modificaba su denominación, pasando a ser el Batallón de Policía 312ºW. El 12 de agosto de 1943 desaparecía, integrándose como III Batallón del Regimiento de Policía Voluntaria de Letonia.

El 2 de agosto de 1943 se organizaron en Riga otros dos batallones de policía letona, denominados 282ºA y 280ºB. Ambos batallones se crearon para participar en la denominada operación «*K*», diseñada para requisar ganado y arrestar partisanos en una zona de Lituania, por lo que ambas unidades se desplazaron a Vilna. A partir del 1 de noviembre, los batallones tenían previsto participar en otra operación antipartisana en Bielorrusia: la operación «*Heinrich*», aunque esta se suspendió el 9 de noviembre debido a la ruptura del frente por parte del Ejército Rojo en esas fechas.

Panel dedicado a los batallones letones de policía, en el Museo Militar de Riga. Incluye dos chapas de identificación del personal asignado a estas unidades y dos condecoraciones concedidas a miembros de estos batallones: la «*Ostmedaille*» y la Medalla del Primer Invierno, así como reproducciones de documentos y de fotografías de la época.

Batallones de Policía letones creados en 1943 y 1944

Batallón de Policía	Creado	Disuelto	Transformado en
280ºA Batallón de Policía[1]	5-5-1943	29-7-1943	311ºW Batallón de Policía
281ºA Batallón de Policía[2]	15-5-1943	29-7-1943	312ºW Batallón de Policía
282ºA Batallón de Policía[3]	2-8-1943	4-2-1944	313º Batallón de Policía
280ºB Batallón de Policía[4]	2-8-1943	4-2-1944	316º Batallón de Policía
317ºF Batallón de Policía[5]	18-10-1943	14-2-1944	I Bon. 3º Reg. Policía Voluntaria
318ºF Batallón de Policía	15-10-1943	14-2-1944	II Bon. 3º Reg. Policía Voluntaria
319ºF Batallón de Policía	25-10-1943	8-5-1945	Bolsa de Curlandia
320ºW Batallón de Policía[6]	1-12-1943	20-8-1944	Disuelto
321ºF Batallón de Policía	22-12-1943	14-2-1944	III Bon. 3º Reg. Policía Voluntaria
315º(C) Batallón de Policía[7]	Enero-1944	Abril-1945	Disuelto
314º(C) Batallón de Policía[8]	Mayo-1944	Julio-1944	IV Batallón de Construcción
283º(C) Batallón de Policía[9]	Mayo-1944	Diciembre-1944	Disuelto
325ºF Batallón de Policía[10]	Marzo-1944	Diciembre-1944	Destruído
326ºF Batallón de Policía[11]	Marzo-1944	Mayo-1944	326º(C) Bon. de Construcción
327ºF Batallón de Policía[12]	Marzo-1944	Abril-1944	327º(C) Bon. de Construcción
328ºF Batallón de Policía[13]	Marzo-1944	Julio-1944	328º(C) Bon. de Construcción
322ºF Batallón de Policía[14]	23-7-1944	8-5-1945	Bolsa de Curlandia

1.- Se organizó en la ciudad de Valmiera el 5 de mayo de 1943 con guardias rurales de la región, para la vigilancia del ferrocarril. Se transformó en Batallón de Policía de Letonia 311ºW, pero tres días después, el 2 de agosto de 1943 se disolvió.

2.- Se organizó en la ciudad de Daugavpils el 15 de mayo de 1943 con guardias rurales y policías del distrito. Se dedicó a la vigilancia del ferrocarril en Vilna hasta julio de ese mismo año. El 12 de agosto de 1943 pasó a ser el III Batallón del 1º Regimiento de la Policía Voluntaria de Letonia.

3.- Se organizó en Riga el 2 de agosto de 1943 con guardias rurales y policías de los distritos de Curlandia y Semigalia. En febrero de 1944 se integró en el 2º Regimiento de Policía Voluntaria de Letonia como III Batallón.

4.- Se organizó en Riga el 2 de agosto de 1943 con guardias rurales y policías de los distritos de Vidlandia. En febrero de 1944 se integró como IV Batallón en el 2º Regimiento de Policía Voluntaria de Letonia.

5.- Para los cuadros de mando se utilizaron hombres del Batallón de Policía 266ºE.

6.- Se formó el 1 de diciembre de 1943 con personal del Batallón de Policía 20ºE «Riga». Tras su disolución, el 20 de agosto de 1944, sus hombres se volvieron a integrar en el 20ºE Batallón, como 5ª Compañía.

7.- Este batallón de policía se formó con ciudadanos ruso-letones. Fue llamado por los alemanes «Lettgalischen». La (C) en este y otros batallones, significa que sirvieron, o incluso se transformaron, en batallones de construcción.

8.- Este batallón de policía se formó con ciudadanos ruso-letones.

9.-Este batallón de policía se formó con ciudadanos ruso-letones.

10.-Este batallón de policía se formó con ciudadanos ruso-letones.

11.-Este batallón de policía se formó con ciudadanos ruso-letones.

12.-Este batallón de policía se formó con ciudadanos ruso-letones.

13.-Este batallón de policía se formó con ciudadanos ruso-letones.

14.- Fue el último batallón de policía organizado en Letonia. Se formó en julio de 1944, con personal del 20ºE Batallón de Policía «Riga».

EL MOVIMIENTO PARTISANO EN BIELORRUSIA (1941-1944)

Desde el inicio de la operación «Barbarroja», comenzó la actividad de los partisanos bielorrusos contra la invasión alemana. Muchos eran militares del Ejército Rojo que habían quedado tras las líneas alemanas, otros eran miembros del partido comunista o del «Konsomol», e incluso meros ciudadanos que se enfrentaron a la ocupación. Ya en julio de 1941 operaban en suelo bielorruso más de 60 destacamentos y grupos partisanos, compuesto cada uno de ellos por entre 25 y 40 hombres, subdivididos en dos o tres unidades de combate con armamento ligero. Entre julio y septiembre de 1941 se llegaron a formar 430 destacamentos (más de 8000 hombres) en centros de preparación y cursos de formación en la parte oriental desocupada de Bielorrusia. En abril de 1942, por resolución del Comité Central del Partido Comunista de Bielorrusia se organizaron cursos especiales en la región de Vladimir (Rusia). Por estos cursos pasarían unos 3000 hombres, que se organizaron en 15 destacamentos partisanos y 100 grupos operativos, enviados a la retaguardia enemiga. El 30 de mayo de 1942 se creó el Cuartel General Central del Movimiento Partisano, encabezado por Pantaleimon Kondrátievich Ponomarenko, primer secretario del Comité Central de Partido Comunista (bolchevique) de Bielorrusia, dependiendo del Estado Mayor Soviético. A partir de abril de 1942, muchos destacamentos se unieron en brigadas partisanas para llevar a cabo misiones de combate de forma independiente. Una brigada tenía entre entre 600-800 y varios miles de hombres, con unidades de infantería, artillería, morteros, talleres, servicios de campaña y hasta hospitales. El control operativo sobre los destacamentos lo ejercía el cuartel general de la brigada, que elaboraba planes de operaciones y controlaba su despliegue. Cada briga-da era responsable de establecer las bases principales y de reserva, las fortificaciones, los puestos de observación, la red de inteligencia, los destacamentos de inteligencia local, etc... En los lugares donde había muchos militares activos (Minsk, Mogilev y Vitebsk) se formaron regimientos partisanos, muy similares a las brigadas en fuerza y armamento. Se llegaron a desplegar 199 brigadas partisanas bielorrusas y 14 regimientos. Los habitantes locales bielorrusos prestaron una ayuda inestimable a los partisanos, contabilizando unos 400 000 bielorrusos que pasaron por las llamadas «Reservas Partisanas». La llamada «Guerra Ferroviaria» llevada a cabo por los partisanos bielorrusos, fue de capital importancia para el éxito de la operación «Bagration». Durante la operación se atacaron y destruyeron 220 guarniciones y destacamentos alemanes, se dañaron 211 000 kilómetros de vía férrea y se volaron 2171 trenes, seis trenes blindados, 32 estaciones de bombeo de agua y 295 puentes ferroviarios. Los alemanes llevaron a cabo 140 expediciones punitivas contra los partisanos bielorrusos, empleando tropas equivalentes a más de 10 divisiones, sin poder eliminarlos. Entre 1941 y 1944 llegó a haber en Bielorrusia más de 1200 destacamentos partisanos.

Fuente: Archivos de Bielorrusia. https://archives.gov.by/en/welcome-to-the-archives-of-belarus-website/subject-guides-to-archival-records/historical-events/archival-documents-and-materials-3/the-history-of-the-war-a-survey-of-events/belarusian-resistance

Hombres del Batallón de Policía letón 282ºA durante la operación «*Heinrich*» cerca de Malahu Sajja, en el distrito de Osvey, en noviembre de 1943.

En enero de 1944, un fuerte ataque soviético provocó muchas bajas en ambos batallones, que regresaron a Zilupe, en la frontera letona. En febrero cambiaron su denominación, pasando a ser 313ºF y 316ºF, respectivamente, integrándose después en el 2º Regimiento de Policía Voluntaria de Letonia como III y IV batallones.

En octubre de 1943 se crearon tres batallones policiales nuevos, los numerados 317ºF, 318ºF y 319ºF. Los tres serían enviados en noviembre a la frontera de Letonia con Rusia, a la zona de Zilupe, Skauni, Sebeza..., en misiones de vigilancia y lucha contra los partisanos. Los dos primeros batallones pasarían a formar parte del 3º Regimiento de Policía Voluntaria de Letonia «*Cesis*» el 14 de febrero de 1944 como I y II batallones, respectivamente. El Batallón 319º permaneció en la zona fronteriza rusa hasta marzo de 1944, regresando a Letonia, recibiendo refuerzos y manteniendo la lucha antipartisana en la región de Livonia hasta julio. El 30 de julio llegó a Bauska (al sur de Riga), donde participó en la defensa de la ciudad contra los soviéticos, llegando en noviembre a Curlandia, donde tomó parte en la defensa de la Bolsa.

Los dos últimos batallones de policía formados en 1943, los denominados 320ºW y 321ºF lo fueron en diciembre de ese año. El primero era un batallón de guarnición, organizado por el teniente coronel Meija en Riga a partir de las últimas cuatro compañías del Batallón 20ºE. Sus misiones de vigilancia estuvieron centradas en la propia capital, y las ciudades de Jelgava, Liepaja y Kegum, disolviéndose en septiembre de 1944. El segundo –321ºF– se formó en la zona de Daugavpils y fue enviado apresuradamente a la región de Abrene una semana

LATGALIA

Latgalia es una de las regiones de la actual Letonia, la más oriental del país. esta región surgió de la partición de la antigua región de Livonia, un territorio cuyos orígenes hunden sus raíces en la Edad Media, y que estaba situado en las costas orientales del Báltico, en las actuales Estonia y Letonia. Tras diversos conflictos, guerras, ocupaciones y particiones, lo que se conoció como Livonia polaca en el Tratado de Oliva de 1660, consistía en la región letona meridional de Latgalia, con capital en Daugavpils. Esta región fue anexionada por Rusia en 1772, en las particiones de Polonia. Al final de la Primera Guerra Mundial, Latgalia pasó a manos de la nueva República de Letonia.

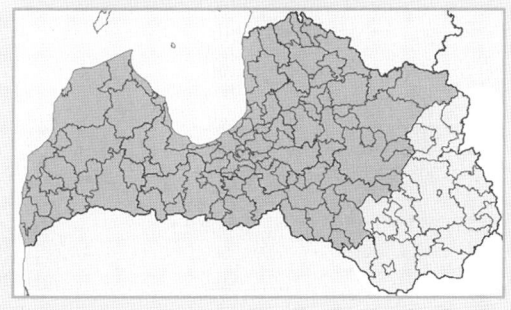

más tarde, sin entrenamiento ni casi armamento, para combatir a los partisanos. En febrero de 1944 este batallón se integró en el 3º Regimiento de Policía Voluntaria de Letonia «*Cesis*», como III Batallón.

Entre enero y mayo de 1944 se organizaron otros siete batallones de policía letones, en este caso reclutados de forma forzosa entre la población de ascendencia rusa de la región de Latgalia, la más oriental de Letonia. Todas estas unidades (excepto una, que fue aniquilada en diciembre de 1944) fueron empleadas como batallones de construcción.

El último batallón de Policía creado en Letonia como unidad independiente sería el llamado Batallón 322ºF. Fue formado el 23 de julio de 1944 por el teniente coronel Karlis Gerbers en Bolderaja (Riga), con hombres procedentes del Batallón de Depósito 20ºE. Dos días

más tarde de su organización fue enviado para la defensa de la ciudad de Bauska (sur de Letonia), desde donde los meses siguientes se fue retirando hacia Riga, realizando labores de construcción de trincheras, posiciones y fortificaciones, sin dejar de combatir. En octubre se le ordenaría la retirada hacia Curlandia, donde participaría en todas las batallas de la Bolsa, subordinándose a la 19º División de Granaderos SS y rindiéndose en mayo de 1945.

Antiguo policía letón, Viktor Arajs fue el encargado de organizar en julio de 1941 un *Sondekomando* de la SD. Judíos, comunistas y partisanos soviéticos fueron sus objetivos durante la guerra.

EL SONDERKOMMANDO «ARAJS»

Esta unidad especial se creó después de la entrada del ejército alemán en Riga, el 1 de julio de 1941. Viktor Arajs, un antiguo policía letón, estudiante de derecho, había reunido a unos 400 hombres, que ocuparon el edificio de la prefectura de Riga cuando los soviéticos salían apresuradamente de la capital letona. Tras mantener una reunión con el jefe del *Einsatzgruppe «A»*, Walter Stahlecker, comenzó a preparar a su equipo, integrado en el *Sicherheitsdienst Ost (SD),* del que formaron parte estudiantes y policías de Riga. En julio de 1941 los hombres de Arajs quemaron al menos tres sinagogas en Riga e iniciaron arrestos extensivos de judíos, no sólo en la capital, sino en diversas poblaciones letonas. Esta unidad nunca tuvo entre sus distintivos las runas SS. Al parecer, fueron hombres del comando «Arajs» los que participaron en la liquidación del Gueto de Riga, y desde diciembre de 1941, al mando de Konrads Kalejs, 189 hombres vigilaron el perímetro exterior del campo de concentración de Salaspils, ubicado en Letonia. A partir de la primavera de 1942 el equipo «Arajs» empezó a participar en la lucha contra los partisanos en Rusia y Bielorrusia, en las operaciones «*Sumpffieber*» (agosto de 1942); «*Sommerreise*», «Winterzauber», «*Gunther*», «*Hermanis*», «*Fritz*» y «*Heinrichs*» (1943). Al parecer, a finales de febrero de 1945 Arajs fue nombrado comandante del 1º Batallón del 34º Regimiento de la 15ª División de Granaderos SS, aunque una semana después fue cesado por incompetencia. Arajs sería detenido por los británicos, logrando escapar del campo de concentración. Vivió con identidad falsa en Alemania Occidental hasta 1975, año en que fue detectado y juzgado, siendo condenado a cadena perpetua en 1979. En 1988 murió de un infarto en la prisión de Kassel.